大貫挙学
ONUKI Takamichi

性的主体化と社会空間

バトラーのパフォーマティヴィティ概念をめぐって

インパクト
出版会

性的主体化と社会空間
目次

序章
問題設定 ……………………………………………… 7
1. 問題の所在 ………………………………………… 7
2. 本書の構成 ………………………………………… 10

第Ⅰ部
「主体」と「他者」 ……………………………………… 15

第1章
ジェンダー理論における「主体」の問題化 …………… 16
1. はじめに …………………………………………… 16
2. ジェンダー概念の展開 …………………………… 17
3. バトラーの「主体」観 …………………………… 23
4. バトラーにおける「規範」の「脱構築」 ………… 30
5. おわりに …………………………………………… 37

第2章
ふたつの「他者性」 …………………………………… 42
1. はじめに …………………………………………… 42
2. 主体構築のパフォーマティヴィティ …………… 43
3. 「(非)主体」と「批判的脱主体化」 ……………… 50
4. 主体と社会のパフォーマティヴィティ ………… 57
5. おわりに …………………………………………… 63

第Ⅱ部
「(非) 主体」と「社会空間」 ……… 67

第3章
異性愛主義の物質性 ……… 68

1. はじめに ……… 68
2. 「(非) 主体」としての「同性愛者」 ……… 69
3. バトラー／フレイザー論争 ……… 76
4. 公私二元論と異性愛主義 ……… 83
5. おわりに ……… 89

第4章
マルクス主義フェミニズム理論の再構成 ……… 94

1. はじめに ……… 94
2. マルクス主義フェミニズムの理論構成 ……… 95
3. 公私二元論と性的主体化 ……… 101
4. 「物質的基盤」再考 ……… 109
5. おわりに ……… 116

第Ⅲ部
「批判的脱主体化」と「未来」 ……… 123

第5章
「パフォーマティヴィティ」の「時間性」 ……… 124

1. はじめに ……… 124
2. 「形式主義」と「歴史主義」 ……… 125

3.		言語行為の歴史性	132
4.		「パフォーマティヴィティ」における「歴史」と「構造」	139
5.		おわりに	145

第6章 公私二元論の再検討 … 149

1.		はじめに	149
2.		フェミニズムとリベラリズムのあいだ	150
3.		「イマジナリーな領域」概念の再構成	157
4.		DV政策と公私の再編	164
5.		おわりに	171

終章 要約と結論 … 177

引用・参考文献 … 185
人名索引 … 203

序章　問題設定

1. 問題の所在

　本書の目的は、ジュディス・バトラーの「パフォーマティヴィティ performativity」概念を社会学的に再定位しつつ、近代における性的主体化と社会空間の関係を捉え直すことにある。とくに、主体の言説的構築を前提とする立場から、異性愛主義や性差別の物質性、および既存の社会秩序に対する抵抗の可能性を論じたい。

　なお、本書でいう「社会空間 social space」とは、物理的な「場所 location」を指すものではない。それは、行為者の役割や、行為の性質にもとづいて設定された概念的な「領域 realm」を意味する[1]。たとえば、「私的領域」たる「家族」も「社会空間」として把握できる。だが、特定の（地図上の）場所に「私的領域」が存在するわけではない。参与者の属性や、行為のパターンによって、「家族」はひとつの「空間」とみなされるのである。本書でも、近代における（社会空間としての）公私区分[2]に焦点を当てる。

　ポスト構造主義やカルチュラル・スタディーズといった潮流以後、主体／アイデンティティは社会的に構築された非固定的なものと考えられるようになった（e.g. Hall and du Gay eds. 1996=2001; 上野編 2005）。ジェンダー研究においても、これは例外ではない。むしろフェミニズムは、解放の「主体」としての「女」に普遍的共通性はあるのかという観点から、この種の問題提起を以前から行ってきたというべきだろう（e.g. Adams and Minson [1978] 1990=1992; Spivak 1988=1998）。

　そして、このような立場をもっとも徹底させた論者のひとりとして、バト

ラーをあげることができる。バトラーは、従来のフェミニズムの主張／運動が、「女」という「主体」を基盤としてきたことへの批判を行っている。彼女は、ミシェル・フーコーの系譜学やラカン派精神分析を参照しながら、「女」という名づけそのものが、性差別のシステムたる権力による言説的な主体化にほかならないと論じる。それゆえ、バトラーにとっては、生物学的身体としてのセックスも「ジェンダーと呼ばれる文化構築された装置がおこなう結果」(Butler 1990: 7=1999: 29) となる。

こうした主体化の機制を論じるためにバトラーが使用するのが、「パフォーマティヴィティ」という概念である。バトラーにおいて「パフォーマティヴィティ」とは、主体が言語行為による絶えざる構築過程にあることを示している。行為のまえに起源としての主体が存在するのではなく、既存の言語を反復的に引用し続けることによって、主体が擬制される。他方で「パフォーマティヴィティ」は、その引用性ゆえに、既存のコンテクストからのズレを生じさせる可能性を秘めている。たとえば、ドラァグ（異性装）やクロスドレッシング（服装転換）においては、ジェンダーを模倣することによって、起源にあるとされてきたジェンダー自体の模倣性が浮かび上がる。

すなわちバトラーは、「パフォーマティヴィティ」の時間的契機に着目することで、現行秩序の再生産のみならず、その攪乱をも考察しようとするのだ。そのため、彼女はときに「エイジェンシー agency」という語句を用いている。「エイジェンシー」とは、言語の引用によって構築されながらも、言語を引用することで、新たな文脈を作り出すものである。

だが、バトラーに対してはこれまで、さまざまな批判もなされてきた。もっともそれらの多くは、バトラー理論への単なる誤解や、政治的立場を異にする論者からの外在的批判に終始するものといわなければならない[3]。そうしたなかにあって、ロイス・マクネイは、多くの点でバトラーと問題意識を共有しつつ、かつ理論内在的な批判を試みている。とくに本書において重要なのは、マクネイが、社会理論との接合を模索しながら、バトラーについて論

じていることである。

　マクネイは、近年のフェミニズムにおけるフーコーやジャック・ラカンの影響を「ネガティヴ・パラダイム negative paradigm」と呼び批判する。そして、バトラー理論は「ネガティヴ・パラダイム」の典型とされる。マクネイによれば、バトラーにあっては、主体の言説的構築という「象徴的なるもの the symbolic」の次元のみが重視され、「物質的なるもの the material」が適切に扱われていない。

> 　バトラーに従えば、ヘゲモニックなジェンダー規範が再生産されるプロセスに内在する非決定性を認識することが重要である。しかし同様に重要なのは、〔バトラーのように〕象徴的な非決定性を、抵抗や政治的エイジェンシーと結びつけないことである。こうした抵抗や政治的エイジェンシーは、種々の社会的領野を横断する権力関係の配置に関する、より複雑な分析にかかっている。政治的エイジェンシーについて、さらに明確な理解に到達しうるのは、象徴的編成の非決定性が多様な物質的関係にいかに媒介されているのかを考察することによってのみである。（McNay 2000: 56）

　さらにマクネイは、「アイデンティティについてのポスト構造主義的説明では、時間的な側面が明らかになっていない」（McNay 2000: 79）と指摘する。

> 　主体化に関する理解を時間化することで、自己アイデンティティにまつわる諸問題を、ネガティヴ・パラダイムを超えて、エイジェンシーの理論のために熟慮することが可能となる。自己アイデンティティの構築についての時間的理解は、こうした現象を、ある種のジェンダー規範の歴史的な埋め込みとして、さらに自己の構成にともなう矛盾を調停させている仕組みとして説明する方法を提示することになる。（McNay 2000: 78）

こうしてマクネイは、社会の複雑性や行為の時間性の理論化が必要だという。そして、それがバトラーには欠けていると主張するのである。

しかし筆者は、バトラー理論のなかにこそ、かかる論点を考察するヒントが示されていると考える。そこで本書では、マクネイの批判に抗して、バトラーのテクストを再読していきたい。

今日、バトラーの理論は、フェミニズムはもちろんのこと、哲学、政治哲学、法学、批評理論といった幅広い領域に大きな影響を与えつつある[4]。社会学でも、近年、バトラーに対する関心が高まり、しばしば言及されるようになっている[5]。だが、バトラーの理論枠組み自体を、社会学の観点から検討する作業は、ほとんどなされてこなかった[6]。本書では、バトラー理論が社会学的に再構成されるとともに、性的主体化の機制が、近代的諸制度の物質的側面と関連づけて明らかにされる。すなわち本書において、「パフォーマティヴィティ」概念自体の検討と、それに依拠した近代社会論の構築とは、表裏一体のものとなっている。

2. 本書の構成

上記の目的を達成するため、本書は大きく3部で構成される。各部の検討課題を説明しながら、議論の道筋を示しておこう。

第Ⅰ部 「主体」と「他者」

第Ⅰ部では、バトラー理論を内在的に検討し、「主体」と「他者」の関係を確認する。本書における考察のもっとも基礎的な作業がなされるのが、第Ⅰ部である。

そのため第1章では、ジェンダー研究の系譜を振り返るとともに、バトラーの「主体」観を概観する。また、「身体」や「規範」をめぐるバトラーへの批判を手がかりに、バトラー理論の特徴を明らかにする。バトラーは、性別

カテゴリーの社会的構築性を指摘しているが、それは、主体化の権力への批判的視点と、カテゴリーに汲み尽くされえない存在への強い関心にもとづいているのだ。

 こうした主体化にともなう「他者」の排除について考えるのが、第2章である。とくに、ラカン派の「現実界」解釈をめぐるスラヴォイ・ジジェクによるバトラーへの批判を参照する。そして、バトラー／ジジェク論争において、ふたつの水準の「他者性」が混同されていることを指摘する。すなわち、言語内部で周縁化される他者と、言語化それ自体の不可能性である。そのうえで、(バトラー自身のテクストに従い) それぞれを「(非) 主体 (un)subject」および「批判的脱主体化 critical desubjectivation」と呼び、改めて両者の関係を問い直す。

第Ⅱ部 「(非) 主体」と「社会空間」
 第Ⅱ部でなされるのは、第Ⅰ部で区別したふたつの「他者性」のうち、「(非)主体」概念を練り上げることで、ジェンダー／セクシュアリティに関する主体(化)のありようを、近代の社会空間と関係づけることである。その際、主体化を言説的なものと捉える視点から、制度の物質性をいかに理論化できるのかを考えたい。
 まず第3章において、異性愛主義の物質性を検討する。バトラーが「(非)主体」という語を用いたのは、「同性愛者」の表象のされ方を論じるためであった。それゆえ、社会空間上の位置という点から、「(非) 主体」としての「同性愛者」が、社会経済構造にどのように組み込まれている／いないのかを考察する。
 第4章では、「物質」と「象徴」の関係について、前章の考察を拡張しつつ、マルクス主義フェミニズム理論の再構成を試みる。そもそも、「(非)主体」を「同性愛者」に限定して解釈するのでは、「主体」と「(非) 主体」の関係を固定的に捉えすぎていることになる。そこで、主体／(非) 主体の関係の

相対性という観点を導入する。そして、このような相対性に対応して、物質／文化の関係も文脈依存的であることを指摘する。

第Ⅲ部 「批判的脱主体化」と「未来」

　第Ⅲ部においては、第Ⅱ部で論じた性差別や異性愛主義について、その社会的機制の変容／攪乱のあり方を取り上げる。つまり、「批判的脱主体化」を社会制度のレベルで把握することが、第Ⅲ部の課題となる。

　第5章では、「未来」への志向としての「批判的脱主体化」の可能性を理論的に示すため、バトラーにおける「パフォーマティヴィティ」概念の「時間性」を再検討する。とくに、バトラーによる言語行為論の再解釈のなかに、「構造」と「時間」の二元論を無効化する視座を発見し、「構造」それ自体が「時間性」を有していること、現在を語ることのなかに「未来」の「偶発性」があることを確認する。

　第6章においては、こうした「批判的脱主体化」を社会空間の変容という側面から考察する。第二波フェミニズムにおける公私二元論の問い直しは、リベラリズムへの異議申し立てとみなすことができる。しかし一方で、フェミニズムの批判を受けた後に、「親密圏」あるいは「個人的な領域」を肯定的に位置づけ直すべきとの主張がなされている。本章では、かかる対立を乗り越える試みとして、ドゥルシラ・コーネルの理論に着目する。そして、コーネルのいう「イマジナリーな領域 imaginary domain」を「批判的脱主体化」を可能にする契機として再定義する。

　以上をふまえ、終章において要約と結論が示される。

　もっとも、各部ごとに設定した理論的課題は、ある意味で暫定的な区分である。すなわち、「主体」と「他者」の関係（第Ⅰ部）は、それ自体が「社会」を「社会」たらしめており（第Ⅱ部）、まさに「主体化」や、それにともなう「他者」の構築／排除のプロセスに、社会制度の変容（第Ⅲ部）が見出される。また

既存の社会構造（第Ⅱ部）によって、私たちは「主体化」「他者化」されており（第Ⅰ部）、そうした「歴史的現在」を批判的に「語る」という実践のなかに、攪乱の可能性（第Ⅲ部）がある。あるいは社会制度の変容（第Ⅲ部）は、既存の社会（第Ⅱ部）に対する評価と無関係でなく、かつ制度の変容過程でも、私たちは、つねに「主体化」「他者化」され続けることになるのだ（第Ⅰ部）。このような立体的な関係を、次章以降で明らかにしていきたい。

【注】
(1) 社会学理論において、「（社会）空間」という概念は、さまざまな文脈で、かつ多様な意味とともに用いられてきた。その学史的系譜を振り返るのは本書の課題ではないが、①空間を実体的な場所とはみなさないこと、②空間と時間が対立的に、あるいは概念セットとして捉えられることは、現代社会学での最大公約数的な理解といえるだろう（cf. Bourdieu 1994=2007; Giddens 1987=1998; Harvey 1989=1999）。
(2) ここではさしあたり、マルクス主義フェミニズムが論じた公私二元論、すなわち家族／労働市場の区分が念頭におかれている。より詳細な考察は、第3章以降を参照。
　　なお田村哲樹は、公私区分について「『領域的・空間的』な区分」と「活動様式の違い」があるとし、後者を主題化している（田村哲樹 2009: 69）。それに対して本書が扱うのは、田村のいう「『領域的・空間的』な区分」に近い。
(3) そうした批判については、第1章でも簡単に検討する。
(4) とりわけ2000年代以降、日本語にも翻訳されたSalih (2002=2005) のほか、Salih and Butler eds. (2004)、Kirby (2006)、Lloyd (2007)、Loizidou (2007)、Carver and Chambers eds. (2008)、Chambers and Carver (2008)、Davies ed. (2008)、Jagger (2008) など、バトラーについての解説書やリーダーズ等が相次いで出版されている。
(5) たとえば、上野編（2001）に収められた社会学研究者による論文は、その大半が何らかの形でバトラーに言及している。さらにいえば、バトラーの名前や理論は、社会学において、もはや教科書的なトピックとなっている（Elliott 2014: 236-48, 藤村 2007: 382-4, 411; Giddens and Sutton 2013: 95, 306-7, 658）。

(6) もちろん、社会学において、バトラーについての理論研究がまったく存在しないわけではない。それらの先行研究は、当然、本書においても言及されることになる。また江原 (2001) は、バトラー理論を直接検討したものではないが、バトラーの議論を社会学理論に接合していく試みと解すことができよう。

第Ⅰ部

「主体」と「他者」

第1章　ジェンダー理論における「主体」の問題化

1. はじめに

　本書での議論は、ジュディス・バトラーの理論に大きく依拠するとともに、バトラー理論自体の再構成を試みながら進められる。そこで第Ⅰ部では、バトラー理論を内在的に検討しつつ、「主体」と「他者」の関係を考察する。

　もっともバトラーは、フェミニズムの立場から、政治的状況との緊張関係のなかで自らの言説を紡ぎ出している。そのため、「バトラー理論」といった統一的体系を想定すべきではないという見解もある[1]。バトラー自身、哲学の制度的枠組みとしての「理論 theory」は、制度外の実践によってつねに「増殖／再二重化 redouble」されるべきだと述べている（Butler 2004b: ch. 11）。ここでの目的も、「バトラー理論」の全体像を示すことにはない。

　とはいえ、「バトラー理論」なるものを有意に語ることは可能である。バトラーにおける「理論」と「政治」の関係、あるいは「学問」の「増殖／再二重化」というバトラーの実践を考えるとき、私たちはそこに、当のバトラーの一貫した視点を読み取ることができるからだ。そして、そうした行為を通して、私たち自身の「政治的」立場も問われることになる。それはまた、（バトラーを含めた）既存の「理論」を「増殖／再二重化」させる実践でもあるだろう。

　本章では、バトラー理論の特徴を、「主体」の捉え方に着目して確認する。まず、「ジェンダー」概念の歴史的展開を振り返り（第2節）、そうした系譜のなかにバトラー理論を位置づける（第3節）。さらに、脱構築と制度改革

の関係について、バトラー読解に関する本書の基本的立場を示したい（第4節）。

2. ジェンダー概念の展開
2-1. 性役割と権力

　1960年代から70年代にかけて、いわゆる「先進」諸国では、第二波フェミニズムが大きな盛り上がりをみせていた。18世紀末から20世紀初頭の第一波フェミニズムが、女性参政権の獲得など、主として公的領域における男女の制度的平等を求めたのに対し、第二波フェミニズムは、私的領域における女性への抑圧をも主題化した。「個人的なことは政治的である The personal is political」とは、第二波フェミニズムにおける中心的テーゼであるが、ここでいう「個人的なこと」とは、「家族、結婚、仕事、教育システム、性、死などの経験、その他、アドリエンヌ・リッチがいうように、諸々の『女性にかかわる ad feminam』経験を包み込んでいる」(Stanley and Wise 1983: 53=1987: 79)。それゆえ、第二波フェミニズムは、女性たちが日々の生活で抑圧してきたものを意識化して経験を共有するためのCR（意識覚醒 Consciousness Raising）運動へとつながっていった。女性たちが日常のなかで経験する「私的」な事柄の背後に、マクロな社会構造の問題があると認識されるようになったのである。

　とくに20世紀末の「先進」諸国では、近代家族的な生活様式が大衆化し、性別分業が規範化した。そして、それらに対する疑念も生じ始める。アメリカで第二波フェミニズムを担ったベティ・フリーダンは次のように述べている。

　　長い間、ある悩みがアメリカの女性の心の中に秘められていた。20世紀の半ばになって、女性たちは妙な動揺を感じ不満を覚え、あこがれを抱いた。郊外住宅の主婦たちは、だれの助けも求めずにひそかにこの

悩みと闘ってきた。寝床を片づけ、食料品を買いに出かけ、子どもの世話をし、夜、夫の傍に横になる時も、「これでおしまい？」と自分に問うのをこわがっていた。

　15年以上もの間、新聞、雑誌、書籍で大家(たいか)たちが、女性の役割は良妻賢母になることだと唱えていたので、女性が感じ始めていたこの心の中の悩みについては、数多くの女性論もふれないでいた。(Friedan 1963: 15=2004: 8)

「妻」「母」という女性に課せられた役割の閉塞感が、「悩み」として示されている。第二波フェミニズムは、こうした「悩み」を可視化させたのである。つまり、社会が要請する「女らしさ」からの解放が、第二波フェミニズムの課題であった。そのことに理論的根拠を与えたのが、「ジェンダー」概念である[2]。

　第二波フェミニズムの運動と時代的に並行して、心理学や精神医学において、「生物学的性別」たる「セックス」とは区別される「社会・文化的性別」としての「ジェンダー」概念が確立する。その嚆矢として、ロバート・J・ストーラーの研究をあげることができる。ストーラーによれば、たとえば誕生時の性別判定に「誤り」のあった青年期「男性」について、長年にわたって形成された「女性」というアイデンティティを取り除くのは困難であった。こうした臨床例から、ストーラーは、「個人に見出される男らしさや女らしさの程度」を「ジェンダー」、生物学的な意味での性別を「セックス」と呼び、両者は「まったく別個のものであるかもしれない」と指摘した (Stoller 1968: 9=1973: 8)。そして、「男らしさと女らしさの形成」においては成育環境が大きく影響しているという (Stoller 1968: 262-3=1973: 284)。いわゆる「女らしさ」「男らしさ」（ジェンダー）は、男女の肉体的な差異（セックス）に由来するものではなく、社会環境などの後天的要因によるものなのだ[3]。

　ストーラーの議論は、フェミニズム的な価値判断にもとづくものではな

かったが、ラディカル・フェミニストのケイト・ミレットは、それをフェミニズムの文脈に適用する。彼女は、女性に割り当てられた「貞節さ」という気質は、社会化の結果であって、人間の自然的本性にもとづくものではないと主張したのである（Millet 1970: 29-33=1985: 78-84）。

この頃、同様の研究が相次ぐこともあって（Money and Tucker 1975=1979; Oakley [1972] 1985）、「社会・文化的性別」としてのジェンダーは、フェミニズムにおける主要な概念のひとつとして定着していく[4]。つまり、「女」「男」の自然的特性として自明視されていた性別分業や性差別の否定および分析に、ジェンダー概念が用いられたのである。

「社会・文化的性別」としてのジェンダー概念は、いわゆる「女らしさ」「男らしさ」を、生物学的属性ではなく社会的役割として捉える視点を提示した。だがロバート・W. コンネルによれば、「性役割理論」には「権力および社会的利害を理論化することができない」（Connell 1987: 53=1993: 102）といった難点がある。実際、ミレットも次のように述べていたのだ。

> 男女の各集団が、それぞれはっきり区分されてはいるが、しかし相補的なパーソナリティと活動領域を示しているという事実は、おのおのの集団が地位ないし権力の区分を表わしているという事実にくらべれば、政治的には二義的重要さをもつにすぎない。（Millet 1970: 32=1985: 84）

その後1980年代に入ると、この権力関係としての側面がより強調されるようになる。クリスティーヌ・デルフィは、ジェンダーを、男女の二項対立ではなく階級関係だと主張した。それは、「男性支配を政治現象とみなす見解にともなう当然の結果」（Delphy 1984: 145=1996: 184）だという。

> 私たちは、女性と男性が、単に異なるだけでなく、とりわけ、しかも最初から階層化された二種の集団に配置されているという関係を強調

するにいたった。つまり、階級という問題体系 problematic を採用することになったのである。この問題体系において要点となるのは各役割の内容ではなく、各役割の関係つまり両集団の関係である。(Delphy 1984: 145=1996: 184)

また、キャサリン・A. マッキノンによれば、「権力を手にしているのが男性で、それをもたないのが女性である」(Mackinnon 1987: 51=1993: 84)。つまり、ジェンダーは「差異ではなく、支配の問題」(Mackinnon 1987: 51=1993: 83) なのだ。

当初、個人の属性や心理的アイデンティティ（のみ）を表すものであったジェンダー概念は、フェミニズムの主張と呼応しつつ、より社会的な文脈に定位されていったのである。こうしてフェミニズムは、男女の不平等を告発するための概念装置を手にすることができたのだ。

2-2. 性別二元論の問題化

しかし、男女の支配関係を扱うのみでは、「いわば幅の広い絵筆で大きな絵を画き続ける」にすぎず、「カテゴリーそのものは自明視される」(Connell 1987: 54-5=1993: 104)。

1980年代後半以降、ポスト構造主義やカルチュラル・スタディーズ等の思想的潮流のなかで、主体／アイデンティティの統一性が否定されるようになっているが、フェミニズムにおいては、かねてより、階層、エスニシティなどの「差異」への注目から、「女性」という一枚岩的カテゴリーを前提にすることへの疑問が表明されてきた。そして、これらを背景としつつ、ジェンダーの概念化についての議論も先鋭化してきている。

ところで、前述のデルフィの指摘としてもうひとつ重要なのは、セックスがジェンダーを規定しないどころか、ジェンダーがセックスに先行するという点である。

私たちは、ジェンダー——女性と男性の相対的な社会的位置——が
セックスという（明らかに）自然的なカテゴリーにもとづいて構築され
ているのではなく、むしろ、ジェンダーが存在するがために、セックス
が関連的事象になり、したがって、知覚対象のカテゴリーになったのだ
と考える。(Delphy 1984: 144=1996: 183)

　実証的な歴史研究を志向していたデルフィは、「以上は……仮説」(Delphy 1984: 145=1996: 183) だと付け加えているが、このセックス／ジェンダー関係の逆転は、ポスト構造主義の影響を受けたフェミニストに受け継がれていく。
　ジョーン・W. スコットは、「ジェンダーとは、肉体的差異に意味を付与する知」(Scott 1988: 2=1992: 16) だと定義する。彼女によれば、男女という「二項対立のもつ固定的で永続的な性格を拒否し、性差の条件を真に歴史化し脱構築する必要がある」(Scott 1988: 40-1=1992: 72)。
　セックスはもはや言説以前の客観的実在ではない。バトラーが述べるように「セックスは、つねにすでにジェンダー」(Butler 1990: 7=1999: 29) である。こうして、生物学的身体は、フェミニズムの「主体」をまとめあげる「共通分母」にはなりえなくなった（荻野 1997: 121）。もともと「ジェンダー」という概念を用いること自体が、（程度の差はあれ）本質主義を否定する方向性をもっているのだが、ポスト構造主義者たちは、それを推し進めることで、「女／男らしさが生物学的与件なのか、それとも後天的なものなのか」という問題設定を超えたところに、ジェンダー概念をおいたのである。
　もちろん、このような反本質主義の発想をめぐっては、多くの議論が巻き起こされてきた。バーバラ・ドゥーデンは「身体史」研究の立場から、バトラーにおける「身体なき主観性の経験世界」(Duden 1998: 123=2001: 47) を批判する。

　　声が無視されて、「女性」は幻影だと定義され、声から完全に響きが

なくなってしまうとすれば、これは重大です。過去の女性たちは、向きや流れや声やリズムをもっていたのであり、こうしたものの深い歴史性が良くわかるだけに、しゃれた皮肉に隠れてこっそり行われるシニカルな脱身体化は私をぞっとさせます。(Duden 1998: 122-3=2001: 47)

そして、「このような脱身体化を拒絶することも、身体史のための基礎訓練の一つ」(Duden 1998: 123=2001: 47) だという。またロバート・ウィルモットも、女性が生物学的条件によって犯罪の被害者になったり、社会的地位において不利となったりしていることを重視する (Willmott 1996: 728)。あるいはキャリー・L.ハルも、身体の言説的構築という主張のみでは、女性が受ける「苦痛の現実的基盤 the real basis of suffering」を取りこぼすことになると指摘する。ハルが例示するのは、CFS (慢性疲労症候群 chronic fatigue syndrome) の患者の多くが「女性」だということである (Hull 1997: 32-3)。

しかし問題なのは、「身体」が物質レベルで存在するか否かということではない[5]。たしかに、人間を男女に分けたとき、両者のあいだに何らかの差異(性差)を見つけられるかもしれない。だが、ひとりの人間は、多様な特徴をもっており、それらは、ある点においては他の人と共通し、ある点においては異なっている。そうした無数にありうる性質のうち特定の事柄を参照し、性別という軸で分類すること自体が、分類基準の選択という価値判断に依拠している。「身体はつねに社会的解釈を通して私たちのもとにやって来る」(Nicholson 1994: 83=1995: 110) のだ。

荻野美穂は、近代西洋医学が成立するまでは、現在のような強固な「性別二元論」は存在していなかったと論じているが (荻野 2002)、現在の医学においてさえも、生物学的性別の基準としては複数の指標が混在しており[6]、これらは各個人において必ずしも一貫しているものではない[7]。つまり、「男性／女性は、社会常識では二値的(離散的)で相反する二つの項であるが、身体としては、むしろ連続的な分布とみるべきなのである」(橋爪 1995: 53)。

したがって、本来連続した分布上に位置した個人を、無理やり一方の極に割り当てるのが、性別に関する社会規範だといえよう[8]。近時、このような事情をふまえて、「性的マイノリティ」の立場から、性別二元論にもとづく社会体制への異議申し立ても行われている[9]。

さらに強調しておきたいのは、理念型としての「男」「女」を定義するため、たとえば「生殖可能性」という基準が用いられたとしても、その「指標が有意なものとして選ばれるその操作自体に、ある特定の価値判断が介在している」(加藤 1998: 63) ということである。性差(の認識)と性差別の関係においても、一般に実在する何らかの差異の評価によって、被差別者が不利益を受けていると考えられているが、そうではなく、「『差別』の『不当性』とは……非対称的なカテゴリー使用自体である」(江原 1985: 96)。つまり差異は、差別以前に実在する所与ではなく、差別との関連において可視化されるのである。

> 「有徴」化として構成される「差異の認知」は、同時に「差異の意味づけ」であり、「非対称性としてのカテゴリー設定」でもある。それらは、すべて論理的には同時的に達成されてしまっているのだ。(福岡 1986: 124)

だとすれば、性別カテゴリーを有意味なものとして扱う社会規範そのものが、ジェンダー研究の対象となる。こうしたジェンダー概念の「言語論的転回」を徹底して、ジェンダーを「パフォーマティヴ performative」なものと捉えるのが、バトラーである。

3. バトラーの「主体」観
3-1. 性別カテゴリーの言説的構築

バトラーは、性別カテゴリーの言説的構築を論じたフェミニズム理論家として知られている。彼女によれば、自然的所与としてのセックスのうえに、

「社会・文化的性別」たるジェンダーが構築されるのではなく、文化的な意味づけを通して、性別カテゴリーが産出され、セックスもまた構築されることになる。「セックスそのものがジェンダー化されたカテゴリーだとすれば、ジェンダーをセックスの文化的解釈と定義することは無意味となるだろう」（Butler 1990: 7=1999: 29）。バトラーにおいて、生物学的性別は、まさにジェンダーの「結果」なのだ。

> ジェンダーは、言説／文化の手段でもあり、その手段をつうじて、「性別化された自然」や「自然なセックス」が、文化のまえに存在する「前‐言説的なもの」——つまり、文化がそのうえで作動する政治的に中立的な表面——として生産され、確立されていくのである。(Butler 1990: 7=1999: 29)

こうした立場からバトラーは、従来のフェミニズムの主張が「女」というアイデンティティを基盤としてきたことへの懐疑を表明する。これまでのフェミニズム理論の多くが共有してきたのは、「女というカテゴリーをとおして理解される何らかのアイデンティティがあり、それが言説面でのフェミニズムの利害や目標を提起しているだけでなく、政治的な表象／代表 representation を求めるときの主体も構築している」（Butler 1990: 1=1999: 19）という想定である。しかし、バトラーによれば、「『政治 politics』とか『表象／代表』という言葉は用心してかからなければならない」（Butler 1990: 1=1999: 19）。

彼女は、安定した「主体」が予め存在するという思考を「実体の形而上学 metaphysics of substance」（Butler 1990: 10=1999: 34）と呼んで否定する。「実体の形而上学」とは、哲学史においては、とくにフリードリヒ・W. ニーチェが拒絶した立場である。それは、ミシェル・アールによれば、「心理学上のひと（人格）を実体的な事物とみなす思考」である（Butler 1990: 20=1999: 52）。

第1章 ジェンダー理論における「主体」の問題化　25

ミシェル・フーコーが指摘するように「権力の法システムはまず主体を生産し、のちにそれを表象する」(Butler 1990: 2=1999: 20)。バトラーは、このような「主体」の産出について、フーコー権力論をふまえ、以下のように述べている。

　　法の権力は、単に表象/代表しているにすぎないと言っているものを、じつは不可避的に「生産している」のである。したがって政治は、権力のこの二重の機能——法制機能と産出機能——に注意を払わなければならない。実際、法は「法のまえに存在する主体」という概念を生みだし、そののちそれを隠蔽するが、その目的は、言説による形成物にもかかわらず、それがすべての基盤をなすきわめて自然な前提として、そして次には、法の規制的な支配を正当化するものとして、引きあいにだすためである。(Butler 1990: 2=1999: 21)

　つまり「女」というカテゴリー化は、性差別のシステムたる法/権力による主体化なのである。「ある意味で主体は、排除や差別化、そしておそらくは抑圧を通して構築されている」(Butler 1992: 12=2000: 258)。とすれば、「女」というカテゴリーに依拠して「解放」を主張すること自体が、結局はそのシステムを再生産してしまうことになる。もっとも、それは「アイデンティティ・カテゴリーを使用しないようにという議論ではなく、使用するたびについてまわるリスクを思いださせる」ものなのだ (Butler 1993: 227-8=1997: 163)。
　さらにバトラーは、リッチにおける「強制的異性愛」(Rich [1980] 1986=1989) という概念を受け継ぎ、ジェンダー的主体化を行う「現在の権力の磁場」を、「異性愛のマトリクス heterosexual matrix」(Butler 1990=1999) と、そして後には「異性愛のヘゲモニー heterosexual hegemony」(Butler 1993) と呼んでいる[10]。ここで重要なのは、ジェンダー規範が、「異性愛」というセクシュアリティ領域での権力関係と関連づけられていることである。

> 強制的で自然化された異性愛制度は、男という項を女という項から差異化し、かつ、その差異化が異性愛の欲望の実践をとおして達成されるような二元的なジェンダーを必要とし、またそのようなものとしてジェンダーを規定していく。二元体の枠組みのなかで二つの対立的な契機を差異化する行為は、結局、各項を強化し、各項のセックスとジェンダーと欲望のあいだの内的一貫性を生みだすのである。(Butler 1990: 22-3=1999: 55)

「異性愛の文化」において、「男」は「女」を、「女」は「男」を性愛の対象とするとみなされるが、この異性愛規範が、逆にジェンダー規範(性別カテゴリーの有意味性)を維持・強化する。こうして、性別二元論と異性愛が自然化されるとき、この基準から逸脱した存在は「理解不可能なもの」と位置づけられる。

このようなバトラーの理論は、カテゴリー化の暴力への問題関心にもとづいている。「私」が「私」であるところの固有性は、既存のカテゴリーで語り尽くせるものではない。「女」というカテゴリーを前提にするとき、「女」のなかの多様性は無視される。あるいは、「インターセックス/性分化疾患」と呼ばれる人びとなど、カテゴリーから外れた存在は「逸脱」的なものとみなされる。国籍、職業など別のカテゴリーを追加していけば、より細かな分類はできるだろう。しかし、分類が細かくなったとしても、カテゴリーにすべてを回収しようとする試みは、必ず失敗する。

> 肌の色やセクシュアリティや民族や階級や身体能力についての述部を作りあげようとするフェミニズムのアイデンティティ理論は、そのリストの最後を、いつも困ったように「等々 etc」という語で締めくくる。修飾語をこのように次から次へと追加することによって、これらの位置

はある状況にある主体を完全に説明しようとするが、つねにそれは、完全なものにならない。(Butler 1990: 182=1999: 252)

カテゴリー化は、本来的に存在の固有性を抹消するものなのだ。私たちが「女」「男」である／ないことは、決して所与でも自然でもない。それは、社会規範を参照することでのみ成し遂げられる。私たちが「女」「男」として存在する／させられていること、それは極めて「政治的なこと」である。

3-2. ジェンダーのパフォーマティヴィティ

バトラーは、言語的に構築される以前の「主体」の存在を否定するが、その際にキータームとなるのが「パフォーマティヴィティ performativity」である。「パフォーマティヴィティとは、……それが名づける効果を言説が産出するような反復と引用の実践として、理解されるべきものである」(Butler 1993: 2)。

彼女が「パフォーマティヴィティ」というとき、ジョン・L. オースティンの言語行為論が参照されている[11]。たとえば、「私は賭ける」「私は約束する」という陳述は、行為の記述や事実の報告というよりも、それ自体が「賭け」「約束」という行為となっている。オースティンは、事実を記述・報告する「事実確認的発言 constative utterance」と区別して、このような発話を「行為遂行的発言 performative utterance」と呼んだ (Austin 1962: 4-7=1978: 8-13)。後にかれは、発言にかかる行為の3つの側面(発語行為、発語内行為、発語媒介行為)という観点から自説を再構成するのだが[12]、いずれにしても、言語を行為の遂行と捉える視点は、オースティン理論の要となっている。

再びバトラーに戻れば、ジェンダーが、その背後にある身体やジェンダー・アイデンティティを記述するのではなく、逆にジェンダーこそが、身体やジェンダー・アイデンティティの構築という行為を遂行しているのだ。

ジェンダーを「パフォーマティヴ」なものだというバトラーは、「パフォー

マティヴィティ」と「パフォーマンス」を概念的に対比させる。

> 拘束された「行為 act」としてのパフォーマンスが、パフォーマティヴィティから区別されるかぎり、パフォーマティヴィティは、行為者 performer よりも先に存在し、制限し、超過する規範の繰り返しを含み、その意味では行為者の「意志」や「選択」の構築としてはとらえられないのだ。更に、「遂行」されるものは、不透明、無意識、かつ遂行不可能なままのものを、否認するとまではならないにせよ、隠蔽するように働く。パフォーマティヴィティをパフォーマンスに還元することは間違いである。(Butler 1993: 234=1997: 167)

すなわち、「パフォーマンス」は主体を必要とするが、「パフォーマティヴィティ」は主体という概念に「異義」を唱える (Butler 1994: 33=1996: 50)。だが他方で、バトラーは「パフォーマンスはパフォーマティヴだ」(Butler [1991] 1993: 315=1996: 127) とも述べている。あるいは、「『ダイ・イン』の実践における死の誇張的な『パフォーマンス』」が、「パフォーマティヴィティ」の例にあげられている (Butler 1993: 232-3=1997: 166〔強調は引用者〕)。これらは、単にレトリックの問題ではない。そもそも、「パフォーマティヴィティ」と区別されるものとして、「主体」による「パフォーマンス」の存在を認めることは、「パフォーマティヴィティ」概念とは相容れない。だとすれば、一般にいう「パフォーマンス」のなかに、「パフォーマティヴィティ」を見出すのが、「パフォーマティヴィティ」の理論だというべきだろう (cf. 井芹 2010: 23-5; 清水 2006: 174)。

オースティンの言語行為論において、発話主体の存在は前提となっている。これに対して、バトラーのいう「パフォーマティヴィティ」では、その主体の位置までもが、遂行的に構築されると論じられる。そして、ジェンダーという文化の「まえに」身体やジェンダー・アイデンティティは想定

できないから、「ジェンダーとはオリジナルのない一種の模倣」(Butler [1991] 1993: 313=1996: 124) である。そこにはオリジナルがないので、絶えざる引用／反復が必要になる。ルイ・アルチュセールの用語を使えば、呼びかけによる主体化は、一回限りで完成するものではない (Butler 1997a=2004, 1997b: ch. 4=2012: 第4章)。こうして過去の反復を通じた慣習の強化が論じられる。「『セックス』は時間を通して強制的に物質化される理念的構築物である」(Butler 1993: 1) から、性別カテゴリーはそれ以上還元不可能な与件として経験されるのだ。

しかし、パフォーマティヴィティの引用性は、現行秩序の再生産のみならず、攪乱の契機にもなりうる。バトラーは、固定的な言説体系を自明視せずに、秩序の攪乱や、当該言説体系によっては捉えきれない存在様態を重視する。彼女は、「残余 the left」を位置づけ直すことが「左翼 Left」の課題だとして (Butler et al. 2000: 179=2002: 241)、自らの政治的／理論的立場について、次のように述べている[13]。

> この仕事は、語りえないものを、語りえるものの領域のなか――支配的な既存の規範の内部――に住まわせるために、前者を後者に順応させることではない。むしろそれは、支配の自信をうち砕き、その普遍の主張がいかに不確かなものかを示し、その不確かさをたどって、その体制の崩壊に到達し、翻訳作業そのものによって引き起こされるオルタナティヴな多様な種類の普遍へ向けて、隙間を広げていくことである。(Butler et al. 2000: 179=2002: 240-1)

バトラーは、一部のラカン派のように「法の出現のまえ」「前‐文化的な『まえ』」(Butler 1990: 36/38=1999: 78/81) に解放の契機を求めることはしない。だが、語りえぬものへの眼差しという点においては、精神分析と問題関心を共有する (Butler 1997b: ch.3=2012: 第3章)。

すなわちバトラーは、パフォーマティヴィティの「可動性」を強調するのである。たとえば、ドラァグやクロスドレッシングは、異性愛の首尾一貫性をずらすとともに、他方の性別を模倣（＝引用）することによって、起源（＝引用もと）にあるとされる「ジェンダーそれ自体が模倣の構造をもつことを、明らかにする」(Butler 1990: 137=1999: 242)。彼女は、言語内的なパフォーマティヴィティによる秩序の攪乱に希望を求めるのである。

そして、慣習の強化と攪乱の双方を同時に説明するために、彼女は「エイジェンシー agency」という概念を用いている。「『エイジェンシー』は、その〔パフォーマティヴな「意味づけ」の〕反復のひとつの変種の可能性として位置づけられるべきである」(Butler 1990: 145=1999: 255)。社会学における行為主体に置き換えて述べるならば、それは、完成した「主体」ではなく、つねに「主体化」の過程にありながらも、既存の秩序からのズレを潜在的に含んでいるようなあり方といえよう。

ようするに、表象（名づけ）を通した社会的なカテゴリー化こそが、主体化の権力である。その際、バトラーのいう「パフォーマティヴィティ」は、「様式的な反復行為」によって表出的にアイデンティティを設定することであるとともに (Butler 1990: 140=1999: 247)、時間を通じた秩序の再生産および攪乱をも含意しているのだ。

4. バトラーにおける「規範」の「脱構築」
4-1.「脱規範化論」への批判

以上のように、バトラーはセックス／ジェンダー二元論を斥ける。それは主体化についての彼女の理論と不可分な関係にある。バトラーにおいては、主体化それ自体が、必然的に暴力的なものとなる。主体化は、諸個人の存在様態を特定のカテゴリーに回収し、理論的にありうる他の可能性を排除するからだ。

安定した主体を要求することは、政治的なるものの領域の占有を意味する。こうした占有が分析的に見て不可欠な政治の本質的特徴であるとされることで、その占有は政治詮索から守られた状態のまま、政治的領域における特定の境界線を強制することになる。(Butler 1992: 4=2000: 248)

彼女は、主体化の権力を批判することで、規範の絶えざる脱構築を志向するのである。井上達夫の用語を借りれば、バトラーの立場は「脱規範化論」といえる（井上達夫 2003: 223）。

一方で、こうした「脱規範化論」に対しては、解放のための準拠点を否定することになるとの指摘も少なくない。マーサ・C. ヌスバウムによる書評論文「パロディーの教授 The Professor of Parody」は、バトラーの「時流を追った敗北主義 hip defeatism」を激しく攻撃するものであった[14]。ヌスバウムによれば、バトラーの著述スタイルは、高度に抽象的で、難解かつ不明瞭である。このことは、バトラーにおける「公的コミットメントへの感覚の喪失」と結びついている（Nussbaum 1999: 44）[15]。そこでは、フェミニストたちがそれを求めて長いあいだ闘ってきた「女性にとっての正義と平等」(Nussbaum 1999: 37) が真摯に配慮されることはない。とくにバトラー理論の中核ともいえる「ジェンダーのパフォーマティヴィティ」というアイデアは、フェミニズムの政治には役立たない。

『ジェンダー・トラブル』や『問題なのは身体だ Bodies That Matter』においては、「自然的」差異という生物学的主張に対する詳細な反論も、ジェンダーの複製のメカニズムについての説明も、家族の法的形成についての説明もなく、また法的変革の可能性に詳細な焦点が当てられているわけでもない。(Nussbaum 1999: 40)

ヌスバウムの批判は、バトラーが「公共善 public good」を明確に示していないという点に帰着するのだが、ヌスバウムは、身体的性差を「フェミニズムにとっても、ひとつの重要な事実」（Nussbaum 1999: 42）だと述べており、性差の生物学的基盤や、「女性」という「主体」を措定すべきだと考えているようだ。

　ヌスバウムの議論は、過剰に糾弾的なレトリックに満ちており、内容的にもバトラー理論への理解不足にもとづいていることは否定できない。それらをめぐっては、ヌスバウムの書評論文が掲載された『ニュー・リパブリック』誌の後の号に、バトラー自身の反論に加え、多数の論者によるヌスバウムへの反批判が寄せられている。たとえばヌスバウムは、バトラーが身体的実践を言語行為と捉えていることについて、オースティンの誤読だという（Nussbaum 1999: 41）。しかし、ガヤトリ・C. スピヴァクが指摘するように、そもそも「バトラーのパフォーマティヴィティ理論は、……オースティンの理論と同じではない」（Spivak 1999: 43）。

　とはいえ、バトラーの「脱規範化論」への疑義は、他の何人かの論者にも共有されている。セイラ・ベンハビブは、「バトラーの試みへのヌスバウムの問題提起は不誠実だ」と述べつつ、「ヌスバウムは価値ある疑問を提出している」ともいう（Benhabib et al. 1999: 43）。ベンハビブは、ポストモダニズムとフェミニズムの親和関係を批判しているが（Benhabib 1992: 213）、その背後には次のような危機意識がある。

　　1980 年代のフェミニズム運動は「疑念の解釈学」の時代を生きぬいた。一般化を主張すれば、ことごとく、特定の集団が権力を主張していることを隠蔽しているのではないかと疑われ、「女」という名のもとで語れば、ことごとく、女性たちを分けていると言われている人種や階級や文化や性指向といった無数の差異から反撃を受けた。「女」というカテゴリー自体が疑わしいものとなり、女とか人間の雌についてフェミニズムが理

論化をおこなえば、それは白人中産階級で知的職業の異性愛の女性たちの覇権的な言説だと称された。わたしたちはいまだに、女性運動の多くの分派や分裂体——いわばアメーバーのような割裂——から糸を紡いでいるのである。(Benhabib 1999: 355=2000: 79-80)

だがベンハビブによれば、近年「新たな認識」が起こっている。それは、「普遍的なものへの新たな敬意」をもたらし、「フェミニズム理論家の位置」を「批判的知識人として再概念化」する (Benhabib 1999: 355-6=2000: 79-80)。当然彼女は、こうした「新たな認識」を望ましいものと考えている。かかる立場から、ベンハビブは「『行為者なき行為』……によるジェンダー化されたアイデンティティの構成という見方」は、「フェミニストのポリティクスや理論の規範的なヴィジョンを切り崩してしまう」と指摘する (Benhabib 1992: 215)。

こうしてベンハビブは、バトラーの「パフォーマティヴィティ・モデル」に代わって「物語モデル」を提示する。ベンハビブは、物語を通して自己を紡ぎだす能力として、主体性を擁護している。

　　ポストモダニズムの最盛期に非常に流行した断片化され分裂した主体性についての数々の理論は、安定や理解を求めるそのような〔確実性への〕要求を無視した。主体の分裂——そう、はっきり言えば主体の「死」——は望ましいものと考えられた。だが、ますます断片化していく物質的・文化的な世界で首尾一貫性を追求することや、錯綜する人生の物語から意味を生成しようとする試みは、誤りでも、不正でも、無意味でもない。(Benhabib 1999: 355=2000: 79)

ベンハビブの議論は、自己の社会的構築性を前提としており、「アリストテレス派リベラリスト」を名乗るヌスバウムの理論とは、大きく異なっている。しかしベンハビブが、バトラーの「パフォーマティヴィティ・モデル」

を批判するとき、その「脱規範化論」が非難の的となっている。

ヌスバウムとベンハビブは、「主体」の否定が、政治的改革の否認につながることを問題視するのだ。

4-2.「法権力暴露型」と「法措定型」

バトラーにとっては、ヌスバウムの議論はもちろん、ベンハビブの理論さえも、素朴な主体性への回帰ということになるだろう。この点、大貫敦子は、バトラーの立場、すなわち井上達夫のいう「脱規範化論」を「法権力暴露型」と呼び、それを「法措定型」のモデルと対置させる。「法権力暴露型」の戦略は、「『全能の主体』（みずからの内に基準を持ち、みずからに法を与える能力）の概念が、いかに多くの排除に基づいているか」を問題にする（大貫敦子 2000: 167）。これに対し「法措定型」の戦略は、主体性による法的次元での規範の根拠づけを目指している。

ここで「法措定型」のモデルとして明示的に言及されているのは、ベンハビブの理論であるが、（むしろそれ以上に）ヌスバウムの議論も「法措定型」と解されるだろう。そして大貫敦子は、「法権力暴露型」と「法措定型」を「相互補完的」なのものと位置づける（大貫敦子 2000: 171）。

> つまり、両者のうちのどちらかの立場が正しいとか、有効であるとか、そうした二者択一的な比較の視点が間違っているということである。言葉による「傷つけ」の可能性は、民主主義のプロセスに属するとバトラーは言う。しかしそれは「傷つける言葉」の再占有が可能な、つまり少なくとも制度的に民主主義が一定程度に機能する社会での戦略ではないのか。むしろベンハビブの立場は、法的に弱者の権利を獲得する必要のある場合、あるいは法的次元での抗争に有効なのではないのか。（大貫敦子 2000: 171）

すなわち、両者は対象としている「次元」が異なっているというのである。言い換えれば、バトラーの理論が有効ではない領域（民主主義が一定程度にも機能していない社会での問題）を扱うのが、「法措定型」のモデルというわけだ。

たしかに、近代法が前提とするリベラリズムの理念が未だ実現していない状況にあって、法的主体にもとづく解放の戦略は、その価値を失っていないように思える。男女の不平等や、女性であるがゆえに差別される現状があるとき、「男」「女」というカテゴリー間の平等や、「女性」の社会的承認を求める実践は重要だ。しかしながら、「法権力暴露型」のバトラー理論は、「法措定型」のプロジェクトが取り組んできた課題を無視するものなのだろうか。

ヌスバウムによれば、バトラーに代表される最近のフェミニズム理論家は、「立法や運動といった面倒なことに関わる必要はないと信じている」（Nussbaum 1999: 38）。とくに、バトラーがパフォーマティヴな攪乱の事例にドラァグをあげたことについて、ヌスバウムは、「無抵抗主義」に陥ると批判する（Nussbaum 1999: 38）[16]。そして、次のようにも述べる。

> さらにいえば、新しいフェミニズムは、そのメンバーに社会が大きく変化する余地はほとんどなく、おそらくは、まったくないと教え込んでいる。私たちはすべて、多かれ少なかれ、権力構造の囚人であるが、その構造こそが、私たちを女性として定義しているのだ。すなわち、私たちは、こうした構造を大規模に変革することは決してできず、そこから決して逃れることもできない。私たちが希望をもてるのは、その構造をパロディ化し、笑い飛ばし、発話によってそれを越境することで、権力構造のなかに隙間を見つけることだけである。それゆえ象徴的で言語的な政治が、実際の政治の一類型として提示されており、それだけが現実に可能な政治として把握されるのである。（Nussbaum 1999: 38）

こうした指摘に対しては、「彼女〔バトラー〕は、実際に使われている慣習、社会的契約の効果、把握困難な物質性たる『制度』、政治的なるもののバックグラウンドに向き合っている」(Spivak 1999: 43) といった反論もなされたが、ここで考察したいのは、「パフォーマティヴィティ」概念の論理的帰結である。
　ヌスバウムが指摘するように、そして本書においても確認してきたように、バトラーにあっては、権力の絶対的な外部は存在しない。私たちは、たしかに「権力構造の囚人」である。だが、むしろそれは、彼女の理論が「制度的な改革」を射程においていること、「無抵抗主義」ではないことを意味するのではないだろうか。ヌスバウムのいう「制度的な変革」もまた、バトラー理論においては、論理必然的な帰結として、パフォーマティヴな攪乱とみなされるからだ。
　実はバトラー自身も、ドラァグによる攪乱ばかりが読者の注目を集めたことに困惑を示している (Butler 1994: 33=1996: 50)。彼女は、「パロディのようなものの代わりに、意味の再定義が政治的なディスコースで機能するときの複雑な方法のほうに、今は力点を置きたいのです」(Butler 1994: 33=1996: 50) という。ドラァグは、あくまで言語の引用的性質を明確にするための典型的事例と考えるべきだろう。

　　　ドラァグの問題点は、私がそれをパフォーマティヴィティの一例として提示したにもかかわらず、パフォーマティヴィティのパラダイムとして受け取られてしまったことです。(Butler 1994: 33=1996: 50)

　すでにみたように、バトラーは、「パフォーマティヴィティをパフォーマンスに還元することは間違いである」(Butler 1993: 234=1997: 167) と述べていたが、逆に「パフォーマンス」を「パフォーマティヴィティ」に「還元」して解釈するのが、パフォーマティヴィティ理論だといってもよい。パフォーマティヴィティ理論においては、主体による行為と、主体を構築する行為が

区別され、前者のみが排斥されているのではない。(パフォーマンスを含めた) すべての行為が、後者の視点から理解されるのだ。

したがって「法権力暴露型」の理論においては、「法措定型」モデルのいう制度改革も、言語的実践ということになる。当然、いかなる解放の戦略を支持するかは、それぞれの立場で異なっている。しかし「法権力暴露型」と「法措定型」は、パロディ／制度改革という区分に対応するものではない。「法権力暴露型」のモデルも、「法措定型」のモデルも、「制度改革」に取り組むのだが、どのような「制度」を肯定／否定するかが、その理論的立場に依存するのである。

ようするに、「法権力暴露型」のバトラー理論は、「法措定型」のプロジェクトに対して、その前提を問い直しながら、それが対象としていた「法的次元」での「制度改革」を含むものなのだ。

5. おわりに

ジェンダー概念の展開は、性別の社会的構築性や、その背後にある社会的権力をめぐる理論化の歴史であった。そして、このような視点をもっとも前面に押し出した論者として、バトラーをあげることができる。

バトラーは、主体が絶えざる構築過程にあることを、「パフォーマティヴィティ」という概念で説明する。バトラーの理論は、①性別カテゴリーは言説によって構築されること、②ジェンダー規範は、異性愛規範によって維持されること、③ジェンダー／セクシュアリティのありようは、権力と主体の問題として把握できること、を明らかにするものであった。彼女はまた、④パフォーマティヴィティの時間的契機を強調することで、現行秩序の再生産のみならず、その攪乱を理論化しようとするのである。さらに本章では、「法権力暴露型」のバトラー理論が、制度改革を無視するものではなく、むしろ、それに新たな視点を提供するものであることを主張した。

もっともバトラーは、異性愛主義の物質的側面を強調したり（Butler 1998

=1999)、制度の「物質性」や「物質化」に言及したりするものの（Butler 1993: 33-4)、充分にそれを理論化しているとはいえない。そこで、ジェンダー／セクシュアリティをめぐる主体のあり方を、近代の諸制度や社会構造のなかに位置づけることが必要となる。しかし、そうした作業の鍵は、バトラーのテクストの内部に隠されている。それを検討することが、次章の課題となる。

【注】
(1) 大貫敦子は、「首尾一貫した『主体』に依拠したフェミニズムに反旗を翻したバトラーが、『バトラー』の名のもとにひとつの理論体系の担い手であるかのように語られるとすれば、読み違えである」（大貫敦子 2000: 162）と述べている。
(2) 以下、ジェンダー概念の展開に関する記述は、大貫挙学（2001: 第2節）にもとづいている。
(3) ストーラーは、「性的行動の生物学的基礎」の存在を否定しているわけではない（Stoller 1968: 3=1973: 1）。とはいえ、全体としてストーラーの議論は、ジェンダー・アイデンティティが「後天的につくられるものであること」を強調するものといえよう（Stoller 1968: 65=1973: 70）。
(4) このうちジョン・マネーの研究（Money and Tucker 1975=1979）に関しては、ある「患者」についての追跡調査から、信頼性に疑問が投げかけられている（Colapinto 2000=2005）。しかし、これをもってジェンダー概念の意義を否定するのは妥当ではない（加藤 2006: 53-7; 千田 2006）。
(5) Butler（1993）では、身体の物質性について、独自の議論が展開されている。バトラーは、言語の外部に位置づけられる「物質」とは、哲学的言説が自らの首尾一貫した体系性を維持するために生産したものだとして、物質／言語という二元論の脱構築を試みている。プラトン以来の西洋形而上学において、女性は、質料（物質）matter／形相（形式）form という二項対立の前者と関連づけられてきた。しかし、バトラーがリュス・イリガライを批判的に読み解きながら述べるところによれば、女性的なるもの the feminine とは、そうした二項対立の一項を構成するものではなく、かかる二項対立を可能にするための前提としての「物質性 materiality」の位置にある。ここでの「物質性」とは、

いわば思考の前提として自明視されるがゆえに、思考から排除されてきたものである。長野（2011）も参照。
(6) たとえば、生物学的性別の決定基準として、①性染色体、②性腺、③内性器、④外性器、⑤第二次性徴期の性ホルモン、という5つのレベルが指摘されることがある（日本精神神経学会 性同一性障害に関する特別委員会 1997: 535）。
(7) たとえば、①「ターナー症候群」（X染色体の「欠如」や、そのモザイク型のため、第二次性徴を欠く）、②「クラインフェルター症候群」（性染色体がXXYで、「男性」と認定されても「女性」の第二次性徴が現れることもある）、③「混合型性腺形成不全症候群」（性染色体がXO/XYのモザイク型で、性腺の形成が「悪く」内性器にも「異常」がある）、④「真性半陰陽」（卵巣、精巣両組織を有している）、⑤「46XX男性」（性染色体がXXで、かつ性腺が精巣に分化している）などの「症状」の存在が指摘される（山内 1999: 178-80）。

　こうした人びとは、これまで「インターセックス intersex」と呼ばれてきた。しかし、この用語が誤解や偏見を生むともいわれている。「インターセックス」という表現は、「男／女どちらでもない第3の性」という含意を強調するが、実際、当事者の多くは「男性」あるいは「女性」として社会生活を営んでいる。そこで近年は、「性分化疾患 disorders of sex development」という名称が使われるようになってきた。他方で、「疾患」の原語である「disorders」がネガティヴな響きをもつこと、医療化された用語でのみ表現するのは適切ではないこと、なども指摘される。本書では、文脈に応じて、カギ括弧を付したうえで「インターセックス」あるいは「インターセックス／性分化疾患」と記すこととする。
　また、（しばしば「インターセックス／性分化疾患」と混同されるが）自らの医学的性別に違和感を有する状態を、広く「トランスジェンダー transgender」という（狭義には、性別適合手術を必要とする「トランスセクシュアル transsexual」に対して、そうした医療的介入を必要としない人を「トランスジェンダー」と呼ぶ場合もある）。医学用語としては、「性同一性障害 gender identity disorder」という名称があるが、「障害」という表現への不快感も表明されている。なお、2013年5月に刊行されたアメリカ精神医学会『精神疾患の診断・統計マニュアル［第5版］』（いわゆる「DSM-V」）では、従来の「gender identity disorder」が「gender dysphoria」と改められ、2014年5月、日本精神神経学会は、その日本語訳を「性別違和」とすることなどを発表した。本書では、基本的に「トランスジェンダー」という用語を使うこととする。「ト

ランスジェンダー」も「性同一性障害」も、文脈によって、さまざまな概念定義がなされているが、「性同一性障害」という言葉で指し示されている内容は、広義の「トランスジェンダー」に含まれる。

(8) この表現もまだ正確ではないかもしれない。各個体のさまざまな特徴を分類し同一尺度上に位置づけること自体が、何らかの判断基準にもとづいているからだ。

(9) たとえば、1999年8月の東京都「人権施策推進のあり方専門懇親会」第8回会合における「同性愛者・性的マイノリティに関するヒアリング」の際には、当事者団体から、①「性同一性障害」を事由とした戸籍の性別変更を認めること、②公文書から性別記載項目を極力撤廃し、記載を強制しないこと、③パスポート等の性別変更を可能にすること、④「インターセックス」の児童について、性別の自己判定能力が備わるまで、戸籍上の性別決定の留保を可能にすること、の必要性が主張された（動くゲイとレズビアンの会1999: 7）。

同懇親会が東京都に提出した「人権施策推進のための指針」の試案には、「同性愛者」や「インターセックス」などの「性的マイノリティ」に対する人権保護の文言が含まれていたが、これを受けて東京都が2000年6月に発表した「指針」の骨子では、この部分は完全に削除された。石原慎太郎知事（当時）は、同年7月の記者会見において、「特殊な性状を持っている人は見た目ではわからないから、どういう形で人権が棄損されるケースがあるのか想像が及ばない。実感に乏しい問題だ。私は純粋なヘテロ（異性愛）だから」と述べたという（朝日新聞2000年7月19日朝刊）。これに対しては、東京都に抗議が寄せられ、結局同年11月に策定された指針には、「その他の人権問題」として、「性同一性障害のある人々」や「同性愛者」の存在にも（不十分ながら）言及されることになった。

近時は、いくつかの自治体において、印鑑登録証明書や選挙の入場整理券など、一部の公文書から性別欄が削除されている。また厚生労働省は、2014年4月に「精神障害者保健福祉手帳」の性別欄を削除した。

さらにこの間、2004年に成立した「性同一性障害者の性別の取扱いの特例に関する法律」では、性別適合手術を受けた人が、一定の場合に戸籍上の性別を変更することが認められるようになった。これは一面において、「トランスジェンダー」への社会的配慮を表している。もっともそれは、かれ／彼女らを「病気」とみなすことで実現したのである。また同法では、性別変更の

要件として、婚姻関係になく（第3条2号）、子どもがいないこと（同3号）が求められる（後者の要件は、2008年に「現に未成年の子がいないこと」と改められた）。これらの条件は、同性間の婚姻を認めないという異性愛主義や、子どもには「男」の父親と「女」の母親が必要だというジェンダー規範に裏打ちされている（長野2005）。

(10)「異性愛のマトリクス」「異性愛のヘゲモニー」については、第5章4節も参照。

(11) ただし、Butler（1990=1999）の段階では、オースティンへの直接的な言及はなされていない。オースティンに明確な焦点が当てられるようになるのは、Butler（1997a=2004）においてである。

(12) この点については、第5章3節も参照。

(13) バトラーの政治的立場については、彼女による「普遍」概念をめぐる議論とともに、第5章でより詳細に論じる。

(14) ただしタイトルは、ヌスバウム本人ではなく、編集サイドが付したものだという（神島2013: 149）。同論文は、Butler（1990=1999, 1993, 1997a=2004, 1997b=2012）のレビューとなっている。

(15) 一方バトラーは、「明快さ」のみを追求することで、「批判的懐疑」が犠牲になる危険性を指摘している。「誰が『明瞭さ』という規定protocolsを編み出し、そのような規定は誰の関心に寄与するのか。あらゆるコミュニケーションに必須のものとして透明性という偏狭な基準を無理強いすることにより、何があらかじめ排除されるのか。『透明性』は何を曖昧にしておくのか」（Butler 1999a: xix=2000: 75）。

(16) 井上達夫も、バトラーの「脱規範化論」に対して、「象徴的・記号的な攪乱行為で自慰的満足を得ることにより、社会的差別の現状維持に加担してしまう危険を孕む」（井上達夫2003: 224）と述べている。

第2章　ふたつの「他者性」

1. はじめに

　前章でみたように、ジュディス・バトラーの理論は、言語行為による主体化のプロセスを明らかにするものであった。かかる立場からバトラーは、社会学における行為理論や役割概念に違和感を表明している。バトラーによれば、「社会的可視性や社会的意味をひとに与えるさまざまな役割や機能のまえに、エイジェンシー agency が存在論的に存在していると主張する相も変わらぬ考え方で、社会学はひとという概念を理解しようとしてきた」(Butler 1990: 16=1999: 45)。つまり、社会的行為や役割取得に先立つものとして、「主体」を想定することはできないというのが、バトラーの理論的前提なのである。もっともこうした発想は、社会学においても、さほど特殊なものではない。むしろ、「自我」の社会性を論じることこそが、社会学的思考の独自性である（片桐 2011; 西原 2003）。だとすれば、バトラーの「主体」観は、彼女自身による社会学批判にもかかわらず、すぐれて「社会学的」なものといえよう。バトラーは、主体化のメカニズムを説明する際に、非社会的な要因を徹底的に排除するのである。

　そこで本章では、「社会学理論」としてバトラーを読むための、いわば「読み方」を模索していきたい[1]。その際、とくに着目するのは、ふたつの「他者性」——①言語内部で周縁化される他者、②言語化それ自体の不可能性——の関係である。

　以下ではまず、バトラーとスラヴォイ・ジジェクとの議論においては、他

者性のふたつの水準が明確には分節化されていないことを指摘する（第2節）。次に、バトラーのテクストに立ち返って、ふたつの他者性を分析的に区別する（第3節）。これらをふまえて、主体と他者の関係を、社会のパフォーマティヴな構築という観点から再検討する（第4節）。

2. 主体構築のパフォーマティヴィティ
2-1. 言語内的な主体の産出

バトラーは、ジェンダーの「起源」としてのジェンダー・アイデンティティや生物学的身体の存在を否定する。「女」という主体を前提にするのは、女性内部の差異を無視するとともに、「主体を形成するさいの基準をまえもって設定」することになるからだ（Butler 1990: 1=1999: 20）。そもそも、ミシェル・フーコーが論じるように、「主体」は「権力の法システム」によって「生産」「表象」されたものにすぎない（Butler 1990: 1=1999: 20）。

フーコー権力論の要は、「生−権力 bio-pouvoir」による主体化の仕組みを明らかにしたことにある。「生−権力」とは、住民を「生かす」ために作動する近代的な権力形式であり、セクシュアリティは、その装置として発明された歴史的仮構物だという（Foucault 1976: 193=1986: 185）。そこでは、生物学的宿命と異性愛によって自然なセックスをもつことが強制される。バトラーにあっては、セックスまでもが「ジェンダーと呼ばれる文化構築された装置がおこなう結果」（Butler 1990: 7=1999: 29）ということになるが、これは「セクシュアリティの装置が、……『前提となるセックス』という考えを設置する」（Foucault 1976: 203=1986: 194）というフーコーの主張と重なっている。

バトラーによれば、「ジェンダーの実体的効果は、……規制的な実践によってパフォーマティヴに生みだされ、強要される」（Butler 1990: 24=1999: 58）。ここで「パフォーマティヴ performative」というとき、言語行為論と主体形成の理論とが接合されている。

ジェンダーはつねに「おこなうこと」であるが、しかしその行為は、行為のまえに存在すると考えられる主体によっておこなわれるものではない。……ジェンダーの表出の背後にジェンダー・アイデンティティは存在しない。アイデンティティは、その結果だと考えられる「表出」によって、まさにパフォーマティヴに構築されるものである。(Butler 1990: 25=1999: 58-9)

　つまり、行為のまえに起源としての主体が存在するのではなく、個々の言語行為によって、そのつど、あたかも起源であるかのように主体が設定されるのである。また、言語行為は「それに先立つ行為」の「反復・引用」という歴史性を有しており（Butler 1997a: 51=2004: 81）、支配的な社会秩序の攪乱は、引用／反復による「脱文脈化」として説明される（Butler 1997a: 144=2004: 224）。この「パフォーマティヴィティ performativity」の「不発」「失敗」は、言語行為に内在するものであって、「規範の欠陥は、遂行的矛盾によって明らかにされる」（Butler 1997a: 91=2004: 143）。それゆえ彼女は、「現実界」に偶発性の契機を見出すジジェクを批判することになる。
　ラカン派の批評家であるジジェクは、「〈現実界〉は、象徴化に抵抗する硬い頑固な核である」（Žižek 1989: 169=2000: 257）と述べ、ヘゲモニーによるラディカル・デモクラシーの可能性を「現実界」に求める。それは、「象徴化の企てがことごとく躓く石」（Žižek 1989: 169=2000: 257）であり、「社会的領域が閉じるのを阻止するものである」（Žižek 1989: 163-4=2000: 249）からだ。つまり、言語的秩序に回収されえない領域があることによって、社会は別様な可能性に開かれるというのだ。「社会的領域を統一しよう、ある社会現象に社会構造における特定の場所を振り当てようという試みはかならず失敗する運命にある」（Žižek 1989: 164=2000: 249）。
　ジャック・ラカンによれば、「自我の発達は、主体が象徴体系に統合され」ることで生じる（Lacan 1975a: 101=1991 (上): 139）。ここで主体化は、シニフィ

アンの秩序たる「象徴界」への参入として説明されるが、こうした象徴化から逃れ去る次元を「現実界」という。また、「フロイトへの回帰」を唱えるラカンにおいて、象徴界を統べるのは「父の法」であり、象徴界を限界づける「特権的なシニフィアン」は「ファルス」と呼ばれる。そして、このファルスとの位置関係（象徴界への参入の形式）によって、「両性間の関係」が導かれるという。

　　愛の要求は、その記号表現〔ファルス〕がこの要求には無関係の欲求によって、苦しむばかりである。母親の欲求がファルスである *est* ことならば、幼児はそれを満足させるために、ファルスであることを望むだろう。こうして、欲求に内在する分割は、これがすでに、主体は〈他者〉に対して主体がもつ *avoir* ことのできるこのファルスに対応する現実的なものを提出することで満足するような事態と対立している状態で、〈他者〉の欲求のなかで分割が体験されていることから、すでに感じとられている。なぜなら、主体がもっているものは、それがもっていないものより、主体がそうでありたいと望むその愛の要求にとって、いっそう良いものであるとはいえないからである。(Lacan 1966: 693=1981(Ⅲ): 158)

ラカンにとって、ファルス「である」ことが女性性であり、ファルス「をもつ」ことが男性性である。すなわち男性は、象徴的秩序のなかで主体の地位を与えられ、女性は、男性主体を成立させる客体とみなされる（Lacan 1966: 694-5=1981(Ⅲ): 158-60）。

フェミニズムの立場からすれば、こうした図式はファロゴセントリズムにもとづいていることになるが、とりわけバトラーが問題にするのは、言語の外部としての「現実界」が想定されている点である。バトラーにおいては、あくまで言語によって／の内部でジェンダーが意味づけられるはずであった。ところがラカン理論では、言語の外部を設定することで、性的差異のあり方

も説明される。ラカンにおいては、象徴界成立の機制がすでにジェンダー化されているのだ。「この推論的な起源は、つねに回顧的な地点からのみ思考されるものであり、……この語りの戦略は、回復不能な起源と永遠に置換される現在との区分にいつまでもかかずらわって、攪乱の名でその起源を回復しようとするあらゆる試みをつねに遅延させる」(Butler 1990: 78=1999: 146-7)。したがって、「社会的なるものの永遠の外部」の想定は、「『言説の範囲の外部』を……固定する」(Butler 1993: 194-6)。

　　実際、かれの理論は、あらゆるイデオロギー編成に先立つ「法」を安定させることになるが、それは、男性的なるものを言説や象徴界の内部に、女性的なるものを「汚点」や「言説の回路の外部」に位置づける、という重要な社会的・政治的な含意をともなう。(Butler 1993: 196)

　かくして、ラカンに依拠したジジェクによる偶発性の説明は、「偶発性の『偶発性』を空虚にする」(Butler 1993: 196)。結局、「文化の『まえ』にあるものと、文化の『なか』にあるものを区別することは、文化の種々の可能性をはじめから締め出しておく方法なのだ」(Butler 1990: 78=1999: 146)。
　このようにバトラーは、主体の言説的構築という視点から、言語の外部を予め設定するような思考を拒絶するのである。

2-2. パフォーマティヴィティの理論と「現実界」
　これに対しジジェクは、バトラーのラカン解釈は「内容への非弁証法的な強迫観念」(Žižek 1994: 202=1996: 336) にもとづくものだと反論する。ジジェクにとって、「〈現実界〉は超越的でポジティヴな実体ではない」(Žižek 1989: 173=2000: 262)。

　　つまり〔「現実界」は〕カントの〈物自体〉のような、到達しえない

固い核として象徴的秩序の彼方のどこかに存続しているものではない。それ自体は何物でもなく、たんなる空無にすぎず、象徴的構造の中の空虚であり、それがなんらかの中心的不可能性を刻印しているのだ。主体は「〈現実界〉の応答」であるというラカンの謎めいた言葉は、この意味で理解しなければならない。われわれは主体の空の場所を、主体の象徴化の挫折を通じて、包囲・記録することができる。なぜなら主体とはその象徴的表象過程が挫折する点に他ならないからである。(Žižek 1989: 173=2000: 262-3）

ジジェクによれば、「現実界」は、「バトラーのありがちな批判」とは逆に、「《象徴界》の内的な限界、《象徴界》が十全に『それ自身になる』ことの不可能性を指す」(Butler et al. 2000: 120=2002: 160)。さらに、「ファルス」や「父の法」も、生物学的な性差とは無関係であり、「象徴化それ自体の形式を指し示している」(Žižek 1994: 202=1996: 337〔強調は引用者〕）という。それらが意味をもつのは、「シニフィエなきシニフィアンとして働くかぎりにおいて」である (Žižek 1994: 202=1996: 336)[2]。

たしかにジジェクが引用するように、ラカンも「〈現実界〉は、形式化の行き詰まりを通してのみ記録されうる」(Lacan 1975b: 85〔訳文は Žižek 1989: 172=2000: 262〕) と述べている。またラカンは、「現実界」について「本質的に出会い損なったものとしての出会い」「主体の中の『同化できないもの』」(Lacan 1973: 54-5=2000: 73) と捉えており、この限りでは、「現実界」は、バトラーがいうような「前-社会的領域」(Butler et al. 2000: 161=2002: 218) ではない。そもそも、偶発的な歴史性を支える切断線として「現実界」を捉えるジジェクの議論は (Butler et al. 2000: 110=2002: 148)、バトラーの「パフォーマティヴィティ」と、それほど隔たってはいないように思える。

しかしそれにもかかわらず、「父」や「ファルス」といったジェンダー化された語彙で語られることが、フェミニストとしてのバトラーには許せない

のだ[3]。

> わたしの友人のスラヴォイ〔・ジジェク〕やエルネスト〔・ラクラウ〕は、《ファルス》という語は男根ロゴス中心主義とは定義上べつのものだと主張するが、そう主張すること自体が、わたしなどは畏れ多くもかしこまる新造語がなし得た事柄なのである。(Butler et al. 2000: 153=2002: 207)

またラカンは、去勢(象徴界への参入)の構造について、「生物学的事実に還元しても解決できない」(Lacan 1966: 686=1981(Ⅲ): 148)と指摘するものの、結局は、性差を「人間がその材料になっている言語の構造」による不可避な「人間の条件」だとみなしている(Lacan 1966: 688-9=1981(Ⅲ): 151-2)。ラカン理論では、「形式」としての言語の構造が、性差という「内容」を帰結することになるのだ。ラカン派の「現実界」概念は、バトラーの批判から完全に自由であるとはいえない。

この意味で、両者の見解の対立は、ラカン理論のどこを救うのか／批判するのか、という立場性の相違だともいえる。双方ともに確信犯なのだ。したがって、ラカン解釈の正当性如何は、さほど重要ではない。ジジェクは、バトラーのラカン批判を次のように整理する。

> 彼女のラカン批判とは、ラカンが排除の形式(つねに排除はあるだろう。なんらかの形式の排除は、主体のアイデンティティの必然的な状態である……)と、排除される個別の、特定の内容とを、混同しているということではないか。バトラーのラカンへの非難はだから、かれが十分には「形式主義」でないというものだ。かれの「切断線」には、あまりに露骨に個別の歴史的内容が刻み込まれている——かれは許しがたい短絡を犯して、特定の、絶対に偶発的な歴史状況のもとでしか現れてこない「切断線」(エディプス・コンプレックス、性的差異)を、擬似超

越(論)的アプリオリの高みに上らせているのである。(Butler et al. 2000: 109=2002: 147〔……は原文〕)

　ここで問いたいのは、排除された他者(「内容」)の「位置」の問題である。ある時点において特定の他者(「内容」)が排除されるとして、そうした具体的他者を、言語の不可能性(それゆえの別様の可能性)と重ねることはできるのだろうか。
　もちろん両者ともこの問題には慎重である。バトラーは、象徴界の「外部」といわれているものは、「文化の理解可能性のマトリクスから排除されている」のではなく「周縁化されている」のだと強調しており(Butler 1990: 77=1999: 145)、それが彼女のラカン派批判の前提となっている。そして、バトラーの批判に応えるジジェクもまた、「個別の内容」と「さらに基盤的な不可能性」とを「区別」し、後者こそが「ヘゲモニー闘争の領野を生み出す」のだという(Butler et al. 2000: 111=2002: 149)。
　だが他方でジジェクが、「マルクス主義は、……象徴化から逃れる〈現実界〉の残滓を、うまく取り込むことができなかった」として、「核家族」を「超歴史的な定数」とみなすのであれば(Žižek 1989: 50=2000: 80-1)、現実界は固定的なものとして立ち現れることになる。かれはまた、「映画『エイリアン』に出てくるエイリアンは前−象徴的な、きわめて母性的な〈物〉である」(Žižek 1989: 132=2000: 205)、「現代の《現実界》は《資本》である」(Butler et al. 2000: 223=2002: 297)と述べるなど、しばしば具体的な何かを重ね合わせて、現実界を論じるのだ。
　したがって、バトラーもジジェクの混乱を指摘するのだが、ときに彼女は、「『外部』に特定の社会的・性的位置を帰属させる理論」(Butler 1993: 189)を斥ける勢いで、「主体は『切断線』を引かれることで成立する」(Butler et al. 2000: 12=2002: 23)という見方までをも否定してしまう。バトラー自身、「主体位置の『不完全さ』」(Butler et al. 2000: 12=2002: 23)を議論の出発点にして

いる以上、これは論理的には一貫しない。だからこそ、現実界を擁護するジジェクからのさらなる批判を呼び込むことになる。「とことんラディカルに歴史的偶発性を主張するなら、歴史的変化それ自体と、その（不）可能性の条件であるトラウマ的で『非歴史的』な核との弁証法的緊張がなければならない」(Butler et al. 2000: 111-2=2002: 150)。

こうして両者の議論はすれ違っていく。ここでは、ある言語体系の内部で周縁化される具体的他者と、言語活動に不可避な言語化の不可能性（それゆえの別様の可能性）という、いわばふたつの水準の「他者性」が混同されている。そこで、これらの腑分けが必要となる。次節では、バトラーのテクストから、ふたつの他者性の剔出を試みよう。

3.「（非）主体」と「批判的脱主体化」
3-1. 主体化にともなう否定性

フーコー権力論において、「生‐権力」の出現は、法制的権力から産出的権力への歴史的移行として特徴づけられる (Foucault 1976: 181=1986: 175)。つまり近代的権力の巧妙さは、前近代の権力のように、逸脱者の存在を抑圧的に否定することではなく、逸脱をカテゴリーとして可視化し、表象することにあるのだ。バトラーも、フーコーに依拠して主体の産出を論じるが、同時にフーコーの権力概念に修正を加える。

バトラーによれば、フーコーは「抹消という計略」を「ほとんど考慮し損なっている」(Butler [1991] 1993: 319 n. 11=1996: 133 n. 11)。たとえば、今日のアメリカ政治のなかでは、ゲイやレズビアンは、その存在を無視され、「言説の場を占めること」ができない (Butler [1991] 1993: 312=1996: 123)。ここからバトラーは、法制的権力と産出的権力は権力のふたつの側面だと主張する。

> 産出的権力という観点の内部では、規制や調整は、アイデンティティの言説的アーティキュレーションを通して作動する。しかし、こうした

言説的アーティキュレーションは、ある種の排除や消去をもたらす。すなわち抑圧は、単に規制や産出のメカニズムを通してのみならず、まさにアーティキュレーションの可能性を予め排除することによっても働くのである。(Butler 1996a: 68)

この排除の心的規制を、バトラーはジェンダーのメランコリー構造として論じる。メランコリーにおいては、愛や理想の対象が喪失されながらも、その対象を知ることができない。異性愛の文化のなかで、同性への愛は予め排除されており、この同性愛的固着の否認を通してジェンダーが獲得される。

少女が一人の少女になるのは、母親を欲望の対象として除外し、その除外された対象を自我の一部として、より明確にはメランコリー的同一化として組み込むような、禁止への服従を通じてである。(Butler 1997b: 136=2012: 171)

ここでは喪失自体が忘却されているから、自我は喪失を嘆くことができない。それゆえ、対象は消滅せずに「人の心的な生の一部として、魔術的に保持される」(Butler 1997b: 167=2012: 208)。そして、対象の体内化によって、自我のなかが仕切られて批判的審級としての超自我が設定される。ジークムント・フロイトにおいて「メランコリー」は、喪失対象を意識して悲しむこと（喪の作業）ができる「悲哀」と区別される心的病理であるが(Freud [1917] 1946: 428-32=1970: 137-9)、バトラーによれば、それは「自我そのものを分節化する可能性の条件」(Butler 1997b: 177=2012: 219)である。対象が自我に回帰するというよりは、回帰によって心的トポグラフィとしての自我が成立する。「ジェンダーとはオリジナルのない一種の模倣」(Butler [1991] 1993: 313=1996: 124)であるから、喪失した対象がオリジナルとして過去に存在したわけではない。

このようにバトラーは、異性愛の社会的規制が、超自我という形で心的規制となる過程を明らかにする。それは、同性愛的アイデンティティの文化的困難をも示している。彼女は、「同性愛者」などの「抹消」について言及する際、そうした存在のあり方を「(非)主体 (un)subject」と呼ぶ。

> 抑圧は存続可能な主体を制定することによって、そして存続不可能な主体の領域を制定することによって、ひそかに作用することもできるのだ。そのような存続できない(非)主体を「のけ者 abject」とも呼べるかもしれない。(Butler [1991] 1993: 312=1996: 123)

「(非)主体」としての「同性愛者」のアイデンティティは、否定性として回帰するアイデンティティであり、真っ当なアイデンティティの成立を支えるための条件をなす「構造的他者」である。

これまでも、フーコーのセクシュアリティ論に対しては、男性同性愛を前提としており、ジェンダーに配慮していないという批判が、フェミニストによってなされてきた。また、アンソニー・ギデンズが「フーコーは、ジェンダーについて考慮せず、過度にセクシュアリティを強調している」(Giddens 1992: 24=1995: 42) と述べたことはよく知られている。

バトラーも、ゲイとレズビアンの非対称性を問題にする (Butler [1991] 1993: 312=1996: 123)。彼女は、フーコーが無視していた「抹消」されたものへの眼差しという点で、とくにリュス・イリガライの再評価を行う (Butler 1996a: 68)。イリガライは、精神分析をフェミニズムの視点から批判的に読み替えたうえで、男性 masculine が普遍的なものとされる「支配的なイデオロギー」のなかでは「女性的想像の棄却、排除」がなされていると述べる (Irigaray 1977: 29=1987: 33)。「女は……(男性)《主体》が、自己を映し(自己反省し)、自己を二重化するために投資(備給)した際の鏡の廃物か剰余として、断片的にしか自己を感じられない位置にいる」(Irigaray 1977: 29=1987:

33)。それゆえ、真の意味での「女性的なるもの the feminine」には、メタファーを介してしか達しえない。「女性的なるもの」は、ファロゴセントリズムの理解可能性の領域から排除されたものなのだ。

しかし、バトラーの指摘は、単に「女性」や「レズビアン」を対象にしていないという批判としてのみではなく、権力の作動形式についての議論として読むべきであろう。彼女は、「異性愛欲望を思考不能なものとする同性愛者」のメランコリーにも言及しており（Butler 1990: 70=1999: 133）[4]、また近年は、メランコリー論をエスニシティやナショナリティの領域にも拡張している（Butler 2004a=2007; 2009=2012）[5]。あらゆるアイデンティティは、自我のなかの他者性を否定・棄却し続けることによって成立しているのだ。

このことは、産出的ではない権力形式、あるいは産出的権力の外部が存在することを意味しない。「法制的権力は一種の偽装・隠蔽された産出的権力」（Butler 1996a: 65）であるから、産出的権力の内部で、排除の機制が作動していることになる。法制的権力と産出的権力は「ふたつの異なる論理的・歴史的な型」ではなく、権力に内在する「二重の機能」なのだ（Butler 1996a: 65-8）。

メランコリーの対象（喪失された欲望）は、当該自己にとっては忘却されている。しかし、それを理論化するバトラー、あるいは社会にとっては（たとえ否定的な形であれ）語りうる対象である。

3-2. 主体の非一貫性と未来

バトラーが精神分析の枠組みを参照するのは、主体化にともなう否定性に焦点を当てるためであった。それはまた、主体化論のなかに「抵抗」の場所を再発見するためでもある。バトラーによれば、精神分析における「心的なもの psyche」は、フーコー的主体としての「魂 soul」とは異なっている。精神分析における「精神」は無意識を含む観念であるが、フーコーのいう「主体」は、精神分析の用語でいえば「自我理想 ego-ideal」に相当する。「心的なも

のとはまさしく、一貫したアイデンティティを内在させ一貫した主体を生成するような言説的要求の拘禁的効果を超えたものなのである」（Butler 1997b: 86=2012: 107）。

「現実界」にこだわるジジェクとは対照的に、バトラーは「想像界」に抵抗の可能性を求める（Butler 1993: 188）。「想像界」は、ラカンにおいて、幼児期の母子関係に典型的なイマーゴの次元で、現実界と象徴界のあいだに位置づけられる。子どもは、あたかも鏡を通して自らの身体的統合性を確認するように、母の反応のなかに自我を発見するが、これは原初的な同一化を示している。そして、この二項関係に父が介入することで、子どもは「父の法」たる言語の領域に参入することになる。

> この、自由に動くこともできなければ、栄養も人に頼っているような、まだ口のきけない状態にある小さな子どもが、自分の鏡像をこおどりしながらそれとして引き受けるということ assomption は、わたしというものが原初的な形態へと急転換していくあの象徴的母体を範例的な状況のなかで明らかにするようにみえるのですが、その後になって初めてわたしは他者との同一化の弁証法のなかで自分を客観化したり、言語活動がわたしにその主体的機能を普遍性のなかでとりもどさせたりします。（Lacan 1966: 94=1972（Ⅰ）: 126）

だが、バトラーは「象徴界の記号のもとで機能しているものは、まさに意味作用の法として自然化・物象化された一連の想像的効果にほかならない」（Butler 1993: 79）と述べ、ラカンにおける想像界と象徴界の区別が失敗していると指摘する[6]。すなわち、理論的にさまざまにありうる想像界におけるアイデンティティ形成のうちで、ヘゲモニックなものが象徴界となるのだ[7]。このようにバトラーは、想像界を象徴的秩序の側に引き寄せることによって、時間的・空間的なある地点としてではなく、象徴界が必然的に有している非

完結性として、想像界を位置づけ直すのである。

　そのうえでバトラーは、想像界の機能を「理想化した自分を本当の自分と思ってしまう誤認作用」（Butler 1994: 36=1996: 56）と捉え、ルイ・アルチュセールの「呼びかけ理論」における「誤認」と結びつける。アルチュセールは、「イデオロギーは、諸個人が自らの現実的な存在諸条件に対してもつ想像的な関係の『表象』である」（Althusser [1970] 1995: 296=2010: 214）と述べていたが、バトラーは、この「想像的な関係」に、すなわち「呼びかけ」のただなかに誤認の契機を見出すのである。

　　　もし呼びかけられた名前が、それの言及するアイデンティティを達成しようとするなら、それは、にもかかわらず想像界において逸脱してしまうパフォーマティヴな過程として開始される。というのも、想像界は確かに法によって先取りされ、法によって構造化されるが、法に直接従属しているわけではないからだ。（Butler 1997b: 96=2012: 118）

　アルチュセールにおいて、諸個人は、神のメタファーで示される「呼びかけ」の声に振り向くことによって主体化されるが、バトラーによれば、人は「呼びかけ」に振り向かないこともあれば、「呼びかけ」られないのに振り向いてしまうこともある。

　こうして、「呼びかけ」という言語行為の失敗のなかに、「自らの出現の条件を逃れ、それに逆襲するエイジェンシー」（Butler 1997b: 130=2012: 159）の可能性が認められることになる。

　　　そうした振り向きは、法がそう思われているよりも強力でないことを明らかにするために、存在しないことへの意欲——批判的脱主体化 a critical desubjectivation ——を要求するのではないだろうか。
　　　……私たちは「存在」を、いかなる特定の呼びかけによっても汲み尽

くされない、まさしく潜勢力として再読することもできるだろう。(Butler 1997b: 130-1=2012: 159-61)

アイデンティティとは、必然的に「誤認」されたものであって、そうした誤認の外部に「本当の自分」なるものを発見することはできない。だが、言語の不可能性や誤認ゆえに、人は必ずしも、現在の「主体」のありようには限定されない。「批判的脱主体化」は、言語の「不可能性」それ自体の場を占めるものではないが、象徴的秩序のなかにありながら、別様のものに切り開かれた可能性なのである。

「批判的脱主体化」について述べるとき、バトラーは、「可能性あるいは潜勢力として、自分自身が存在するという単なる事実」(Agamben 1990: 30=1993: 43) というジョルジョ・アガンベンのフレーズを引用する。しかしアガンベンが、「偶発性 contingenza というのは……ひとつの可能性がじっさいに与えられること、潜勢力が潜勢力として存在する様式」(Agamben 1998: 136=2001: 197) だとして、存在すること(それ自体の偶発性)の倫理を語るのに対し、バトラーの場合は、存在が他の可能性と接続されるという偶発性に倫理がある。

> そうした呼びかけの失敗は、自己同一的な意味で「存在する」ための主体の能力を浸食することがあるかもしれない。しかし、それはまた、より開かれた、より倫理的でさえある存在への、未来の、あるいは未来のための存在への道を徴しづけているかもしれないのである。(Butler 1997b: 131=2012: 161)

バトラーは文化の「まえ」や「外部」を否定していた。それゆえ別様の可能性は、かつてあった何ものかではなく、現在の社会の外部に存在するユートピアでもなく、あくまで「未来」としてのみ語りうることになる。

4. 主体と社会のパフォーマティヴィティ
4-1. パフォーマティヴィティにおける未来

　ここまでの考察によって、ふたつの水準の他者性が導き出された。すなわち、「(非) 主体」と「批判的脱主体化」である。「(非) 主体」は、正しい主体が成立する際に排除される言語内的な他者である。一方、「批判的脱主体化」は、主体化自体の非完結性にともなう「別様の可能性」と考えられる。以上の区別をふまえて、本節では、ジジェクとの論争における主要な論点であった排除と偶発性の問題に対して、本書なりの見通しを示したい。このことは、ふたつの他者性、およびそれらと社会との関係を検討することでもある。主体化やそれにともなう具体的他者の排除を言語内的なものとして理解するとき、当該言語体系とは別様の可能性を、いかにして理論化できるだろうか。

　この点、ロイス・マクネイによるバトラーへの批判は、主体の言語的な構築性を、彼女が過度に強調することに向けられていた。ただし、ここで争点となっているのは、単なる構築主義／本質主義という対立ではない。マクネイの議論が、他の凡庸なバトラー批判と大きく異なるのは、彼女が「時間性 temporality」の問題を取り上げていることにある。

> 　バトラーの著述における主体化のネガティヴ・パラダイム negative paradigm への固執は、時間性が、沈殿という後ろ向きの次元を通して考察される傾向にあることに明白である。バトラーは、もっとも規制的な規範のなかにある、潜在的に裂け目となるような時間性の存在を、一応は認めているが、パフォーマティヴィティの観念は、フロイト派による強制的反復というアイデアにより近いように思われる。それは、本質的に受動的で、何人かの論者によれば、非時間的な概念である……。時間の遡及的次元の強調は、……ジェンダー規範の内的統一性についてのより誇張された観念を導く。(McNay 2000: 45)

マクネイによれば、バトラーにあっては、「パフォーマティヴィティの時間性」が、「実践に内在する予期的な要素としてよりも、沈殿した象徴的構造の特徴として」主題化されており、「異種混交的な権力関係の多元性」についての考察が不十分である（McNay 2000: 35）。マクネイは、バトラーにおける言説を「統一された規範性の領域 the realm of uniform normativity」（McNay 2000: 35）とみなすのである。そこで、時間的偶発性と社会的領野の複雑性という観点から、マクネイへの「対抗的読み」を試みよう。

たしかに、「引用」「メランコリー」「回帰」というバトラーの語彙は、私たちの行為や存在様態があたかも過去の亡霊に支配されているかのように感じさせる。バトラーは、パフォーマティヴィティを「反復、沈殿、過去の凝縮」（Butler 1993: 244 n. 7）として語り、あるいは、「『セックス』は時間を通して強制的に物質化される理念的構築物である」（Butler 1993: 1）、「人種差別的な発話は、慣習を呼び起こすことで機能する」（Butler 1997a: 34=2004: 54）と述べている。したがってこの限りでは、マクネイのいうように、「過去」が強調されている。

だがすでにみたように、バトラーが「批判的脱主体化」という「未来」の「倫理」を志向していたことにも目を向けなければならない。彼女は、「連綿とつづく意味づけなおしの儀式である言説がおこなう行為遂行性」の「可変力」を重視するのだ（Butler 1997a: 14=2004: 24）。

> ある種の〔侮蔑〕発言がなされる場面と場面のあいだにある時差は、その種の発言の反復と再意味づけを可能にするが、それだけでなく、時間の経過によって、いかに言葉がその中傷力から分離され、肯定的な意味をもつべつの文脈のなかに位置づけなおされるかを示すものでもある。肯定的とはつまり、「エイジェンシーの可能性を開いていく」という意味であり、そのときのエイジェンシーとは、発話のなかに統治的な自律性を復活させるものでも、慣習的な支配概念を再生させるものでもない。

(Butler 1997a: 15=2004: 24-5)

　この「エイジェンシーの可能性」は、「慣習的な支配概念」の完全なる外部に存するのではない。両者は、そもそも分離不可能なものなのだ。マクネイは、バトラーにおいては、規範的なもの the normal ／排除されたもの the excluded という二元論が維持され、攪乱が後者からしか生じないと指摘する。

　　自己同一的で独立した行為の連続としての時間という観念は、支配的秩序を閉鎖的で自己維持的なものにするとともに、分裂は規範の外部から、おぞましきもの the abject の領域から生じることを意味する……。ようするに、沈殿としての時間性という一次元的観念は、「規範的」なものについての一枚岩的な説明を帰結し、支配と抵抗、規範的なものと排除されたもの等々の二元論に、暗黙のうちに訴えることになるのである。(McNay 2000: 45)

　しかし、マクネイも述べるように「脱アイデンティフィケーションは、あらゆる主体形成の様式に特徴的なもの」(McNay 2000: 103) であり、バトラーもこの大前提を共有している以上、こうした理解は誤りである。「規範的」とされる主体もまた非完結性を有しているのだ。つまり、あらゆる主体が他者性からの被傷性を帯びている。未来への志向性としての「批判的脱主体化」の契機は、現在の「主体」と無縁ではない。
　むしろ、未来を「実践に内在する予期的な要素」とみなすマクネイの議論こそ (McNay 2000: 35)、偶発性という点では不適切である[8]。過去の諸経験によって、未来の変化を説明していることになるからだ。未来の偶発性は、「予期的な要素」としてではなく、予期不能性として捉える必要がある。
　権力からの逃れがたさを強調するとき、しばしば、社会は固定的に語られがちである。他方で、偶発性の論理を突き詰めていく先には、大文字の「社会」

を語ることの困難がある。バトラーが、存在の偶発性を肯定する際に、明示的にはアガンベンに接近しながら、偶発性の捉え方の内実においてアガンベンと微妙なズレをみせるのも、権力を直接に批判する彼女の立場性が関係しているように思われる。こうした権力批判のあり方は、偶発性の不徹底とみなされるかもしれない。

だが、現在の社会を言語内的に語るからこそ、そこに内在する未来の偶発性を語ることができるのだ[9]。それは、現実界というトラウマ的核に依拠するジジェクとは異なる仕方での偶発性の把握である。

4-2. 社会的領野の多元性と偶発性

このように考えるとき、パフォーマティヴィティは、社会が構築／脱構築されるプロセスとして位置づけ直される。パフォーマティヴィティは、主体が構築されるプロセスではある。だが、社会によって主体が構築される「一方向的プロセス」（McNay 2000: 31）とみなしてしまっては、その魅力は半減する。

人は、呼びかけられることによって、アイデンティティを得て「主体化」されるが、このアイデンティティは、つねに「誤認」されたものでしかない。私たちは、「誤認」し／され続けることによってのみ社会に存在する。そしてバトラーによれば、「語る主体の権力は、つねにある程度どこからか受け取ったものであり、その始源を語る主体に遡れるものではない」（Butler 1997a: 33=2004: 51）。「呼びかけ」の声もまた「呼びかけ」られたことによって、「呼びかけ」の声としての地位を得ている。象徴界の「構造」を固定的に捉えてしまうとして、構造主義からバトラーが距離をとる所以もここにある。

　　象徴界は〈つねに - すでに - そこにある〉と思っていますが、同時にいつも、それは形成と再形成を繰り返すプロセスのなかにあるとも思っています。たえずそれが再設定されていくという、儀式的な生産の

プロセスがなければ、存在を続けていくことはできないのです。(Butler 1994: 36=1996: 56)

　アイデンティティが「誤認」であるのなら、社会はいわば「誤認」の連鎖によって成り立っていることになる。主体化と社会の形成は同時に起こっている、あるいは主体化と社会の形成とはまさに同一の事態の裏表なのだ。バトラーは、「人は名づけられることによって、いわば社会的な場所と時間のなかに導かれる」(Butler 1997a: 29=2004: 46) と述べているが、このとき社会的位置、すなわち主体の配置としての社会もまたパフォーマティヴに構築される (cf. 池田・大貫 2002: 97)。

　　もしメランコリーと社会的な生との関係が再確立されるべきだとすれば、その関係は、良心の自己叱責を、叱責——それは評価や禁止の社会的作用に合致している——の模倣的な内化と見なすことによって測定されるべきではない。むしろ、社会的権力の諸形式は、どんな喪失が哀悼され、哀悼されないかを統制するのである。喪の社会的排除の中に、私たちは良心の内的暴力を焚きつけるものを見出すのかもしれない。(Butler 1997b: 183=2012: 225)

社会的規制が、メランコリックな自我をもたらすのみでなく、メランコリーによって、「社会的権力の諸形式」が出現するのである。したがって、ある「主体」が主体化され、それとともに構成的外部としての「(非) 主体」が構築／排除されるとき、そのような主体／(非) 主体を位置づける社会も同時に形成される。ここで重要なのは、主体／(非) 主体の関係はあくまで相対的なものであるということだ。社会における内部／外部という関係は文脈依存的なものであって、さまざまな主体／(非) 主体のありようが折り重なるなかで、社会の境界が絶えず産出されているのである。

バトラーは、イリガライを肯定的に再読していたが、同時にイリガライに対して、疑問を投げかけてもいる。

> いかなる言説の内部にも、それゆえイリガライにおいてもまた、排除の領域を独占するものとしての女性的なるものの境界設定によって、不可避的に産出される一連の構成上の排除があることがまさに問題ではないのか？（Butler 1993: 42）

つまり、他者を固定的に位置づけることが批判されているのである。バトラーによれば、「〔イリガライは〕女性的なるものとしての『他の場所』を理念化、占有したために、濫喩を通して、女性と他の大文字の他者を関連づけることに失敗した」(Butler 1993: 49)。それゆえバトラーは、「『他の場所』の『他の場所』は何か」と問うのである（Butler 1993: 49)。「イリガライの分析の道筋から何が、そして誰が排除されているか」(Butler 1993: 49) を考えなくてはならないという。

この指摘は、本章での考察をふまえて、次のように言い換えることができるだろう。固定された「外部」に特定の「他者」を位置づけてしまうと、さまざまな他者同士の関係や、それを支える／それによって可能となる社会の機制を論じることができなくなる。ジェンダー化された現在の社会において、男性／女性、異性愛者／非異性愛者、ゲイ／レズビアンという重層的かつ非対称的関係が存在し、そうした主体／（非）主体の立体的な配置によって、社会が可能となっているのだ。あるいは、外国人やエスニック・マイノリティ、高齢者、障がい者なども「他者」として考えられるだろう。

かくして、社会の外部を想定せず、(非) 主体の構築／排除を言語内的な権力の機制として把握することで、社会的領野の複雑性を理論化することができる。このとき、現在の言説／権力に汲み尽くされえない偶発性の契機を社会の外部に位置づけることは、当然ながら不可能となる。現実界を否定し

たら攪乱も論じられない、というのがジジェクの主張であった。だが、このことは逆説的に、「批判的脱主体化」を「未来」の偶発性として把握することを可能にする。この偶発性は、決して現在の社会と無関係なものではない。それは、権力の外部にではなく、現在における過去と未来の凝縮としてのパフォーマティヴィティに内在するのだ。

バトラーの「パフォーマティヴィティ」概念は、行為の起源としての主体を否定し、主体が言語的な構築のプロセスにあることを示していた。彼女は、法／権力による主体の産出を指摘するが、それは、単なる社会（言語）決定論を意味しない。むしろ彼女は、構造主義のような固定的かつ一枚岩的な社会観を批判する。「パフォーマティヴィティ」とは、主体や社会を固定させることなく、到達しえない「未来」の「偶発性」に攪乱の可能性を求めるものである。

5. おわりに

本章では、バトラーの「パフォーマティヴィティ」概念を通して、主体と他者の関係、および社会の偶発性について再検討を行った。そして、「（非）主体」を「社会内的」な語りうる他者と捉えるとともに、「批判的脱主体化」を「未来」の「偶発性」として理解した。また、ここでの「未来」「偶発性」は、あくまで現在の権力との関係においてのみ主題化されるべきものとなる。このことは、経験的なレベルで把握される他者を、社会の「外部」にではなく、社会の「内部」にさまざまな位置を与えられているものと解することとつながっている。こうして〈非固定的な社会領域の内的複雑さ〉と〈主体のあり方の複雑さ〉との関係が重要となる。すなわち、他者に対する倫理の次元と、社会の複雑さについての理論の次元は連続しているのである[10]。

近年の社会学において、主体／アイデンティティを言説以前の所与として設定することは、もはや不可能となっている。しかしながら、「社会による」構築を強調するとき、あらゆる構築の規定要因としての「社会」が物象化さ

れることになる。これは、「社会構築主義」のジレンマとして、しばしば指摘されることであるが、同時にまた、「社会」という漠然とした何かを対象とする「社会学」自体のアポリアといってもよい。一方、本章では、「主体」も「社会」も所与とはしない理論として、バトラーのテクストを再読してきたのである。

　こうした考察をふまえ、第Ⅱ部では、「主体」と「社会」の関係を、具体的には、異性愛主義や性差別の存立構造を論じていく。

【注】
(1) 本章は、大貫挙学（2007）に加筆修正を施したものである。
(2) ジョアン・コプチェクも、ラカンの理論について「性は言説に先立って在るということではない」（Copjec 1994: 204=1998: 246）と述べている。「性が生み出されるのは、言説的な実践が躓く場所においてであり、それが意味の産出に成功する場所においてではまったくないのだ」（Copjec 1994: 204=1998: 246）。
(3) なお、ジジェクによる「現実界」理解も、結局は、性差を暗黙の前提にしているということができる。この点については、竹村（1996）も参照。
(4) もっともバトラーは、「異性愛者による一次的な同性愛の否定は、同性愛の禁止という文化的な強制によってもたらされるものなので、同性愛者のメランコリーの構造とはけっして同列に扱うことはできない」（Butler 1990: 70=1999: 133）とただし書きをつけている。
(5) ただし村山敏勝は、「失ったものに自分がなることによって、失ったものは生存し続けるというこの事態が可能なのは、ジェンダー体制において、同一化と性愛が異なるものとされているから」だとしたうえで、メランコリー論を「国家や民族のアイデンティティにそのまま適用できるかは、もうしばらく考えてみないといけない」と述べる（村山 2006: 238）。
(6) （より正統的な）ラカン派精神分析論者によっても、象徴界と想像界の区別の曖昧さが指摘されている。田村公江は、象徴界をシニフィアンの次元、想像界をイメージの次元としたうえで、「乳児が鏡像を自分だと思う時、ほとんどただちに『あれがお前、ハンスよ』といった仕方で、他者の言葉でイメージが画定されている（ここにはむろん、承認という契機もある）」と述べる（田

村公江 2004: 227)。
(7) バトラーによる「レズビアンファルス」の議論は（Butler 1993: ch. 2)、想像界を読み替えることによって、象徴界のファロゴセントリズムを脱構築しようとするものと解釈できる。
(8) マクネイは、「ネガティヴ・パラダイム」に対抗しうる「ジェネレイティヴ・パラダイム generative paradigm」の典型として、ピエール・ブルデューの理論を肯定的に評価する（McNay 2000: ch. 2)。

　ブルデューにおいて、「歴史の生産物」（Bourdieu 1980: 91=1988(1): 86）たるハビトゥスは、目前の客観的状況で起こる確率の高い未来を瞬時に予測し反応する。そして、この予測は当の状況に関連した過去の経験にもとづいている。ハビトゥスが過去を即興的に反復することで、規則的な実践が生み出されるのだ。こうしてブルデューは、主観主義における自律した主体という想定と、客観主義の機械的決定論をともに批判し、客観的環境に条件づけられながらも、能動的に実践を生み出すメカニズムを論じるのである。

　しかし、バトラーによれば、ブルデューにあっては、〈場〉の生成がハビトゥスを前提としている一方で、ハビトゥスの形成は〈場〉を前提としているために、ハビトゥスはつねに〈場〉と適合的となってしまう。それはブルデューが、言語的ハビトゥスの外部に制度を所与として位置づけたこと（言語と社会の二元論）に端的に表れているのだという（Butler 1999b: 120)。バトラーは、ブルデューにおいて「ハビトゥスや、儀礼としての社会的実践がもつ時間次元」が強調されていることは認めつつも、空間化された用語で描かれる〈場〉という「客観的な」領域へと議論がシフトするとき、「時間性へのピントは消えてしまうようだ」と述べている（Butler 1999b: 125)。

　かつて筆者と池田心豪は、バトラーのブルデュー批判を時間性の観点から読み解くことで、「現行の制度と主体化への批判的視座から、既存の社会空間を所与としない理論を構築すること」を「今後の社会学の課題」として提示した（池田・大貫 2002: 97)。本章（および本書全体の議論）は、この課題に自ら応えたものといえる。
(9)「パフォーマティヴィティ」概念における「未来」や「偶発性」については、第5章で詳細な検討を加える。
(10) 近年のバトラーは、自己の倫理や、自己のなかの他者性に議論の重心をシフトさせている（e.g. Butler 2005=2008)。社会学的には、そうした関心を共有

しつつ、自己を自己たらしめる社会、あるいは自己の心的構造による社会の立ち現われ方を問題にするという課題もありうるだろう。

第Ⅱ部

「(非)主体」と「社会空間」

第3章　異性愛主義の物質性

1. はじめに

　第Ⅰ部においては、ジュディス・バトラーのテクストを再読しつつ、主体化と他者性の問題を考察した。そして、他者性のふたつの水準を分析的に区別した。すなわち、主体化にともなう構成的外部としての「(非)主体 (un)subject」と、言語の非完結性ゆえの「批判的脱主体化 critical desubjectivation」である。

　第Ⅱ部では、「(非)主体」に着目して、ジェンダー／セクシュアリティにかかる近代社会の機制を論じる。つまり、近代社会の編成がいかにして特定の存在を「(非)主体」として構築／排除しているのか、あるいは「(非)主体」の構築／排除によって、近代社会がどのように成立しているのかを問いたいのである。主体の言説的構築を強調するとき、社会構造や制度の物質性を軽視しているとの批判に直面することになる。前述のようにロイス・マクネイは、バトラーにおいては、「象徴的なるもの the symbolic」に重点をおくため、「物質的なるもの the materiality」が適切に扱われていないと述べている (e.g. McNay 2000: 14-7)。こうした指摘に対する筆者なりの応答が、第Ⅱ部での課題となる。

　さしあたり本章では、異性愛主義の「物質的」側面について検討する[1]。バトラーが「(非)主体」という奇妙な語を持ち出したのは、「同性愛者」のアイデンティティを論じるためであったからだ。そこでまず、「同性愛者」がいかなる意味で「(非)主体」と呼ばれうるのかを確認する（第2節）。次に、

異性愛主義を（「物質」ではなく）「象徴」の問題だとするナンシー・フレイザーの議論と、それに対するバトラーの批判を概観する（第 3 節）。そのうえで、社会空間上の位置という点から、「同性愛者」が社会経済構造にいかに組み込まれている／いないのかを考察したい（第 4 節）。

2.「(非) 主体」としての「同性愛者」
2-1. ヘテロセクシュアリティの規範化

　本書において「(非) 主体」は、規範的「主体」にとっての「構造的他者」と捉えられるが、バトラー自身は、とくに「同性愛者」の表象のあり方に言及する際に、この語を用いている。彼女の議論は、ミシェル・フーコー以降のセクシュアリティ研究の系譜に位置づけることができるだろう。

　フーコーの『性の歴史Ⅰ——知への意志』（Foucault 1976=1986）は、セクシュアリティ研究に大きな転換をもたらした。以後、人文・社会科学において、セクシュアリティは、生物学的本能としてではなく、近代になって構築された観念として理解されるようになった。同書の出発点は、いわゆる「抑圧の仮説」を批判することにある。「抑圧の仮説」とは、ヴィルヘルム・ライヒやヘルベルト・マルクーゼなどのフロイト左派による以下のような物語である。すなわち、17 世紀の初頭には、性の規範は「19 世紀のそれに比べればずっと緩やかだった」（Foucault 1976: 9=1986: 9）。しかし、「ヴィクトリア朝ブルジョワジーの単調極まりない夜に到り着く」と、性についての抑圧的な文化が成立し、「セクシュアリティはその時、用心深く閉じ込められる」（Foucault 1976: 9=1986: 9-10）。このような「増大する抑圧の年代記」（Foucault 1976: 11=1986: 11）に、フーコーは疑問を投げかける。たしかに、近代になって性は私秘的なものとされるようになった。しかしながら、性についての公的言説は、「経済、教育、医学、裁判の次元で」飛躍的に増大している（Foucault 1976: 45=1986: 43）。

しかも性についてのこれらの言説が増大したのは、権力の外で、あるいは権力に逆らってではなかった。それはまさに権力が行使される場所で、その行使の手段として、なのであった。(Foucault 1976: 45=1986: 43)

本能としてのセクシュアリティを権力が抑圧したのではない。むしろ権力によって、人びとはセクシュアリティなるものにこだわるようになったのだ。セクシュアリティの私秘性の強調は、それを人間の内面的本質として措定することでもある。

フーコーにおいて、近代の権力形式は「生‐権力 bio-pouvoir」と名づけられているが、それは、「規律＝訓練 discipline」（「解剖‐政治学 anatomo-politique」）と「生‐政治学 bio-politique」というふたつの軸で構成される。「規律＝訓練」は、個々の身体に働きかけ、自発的な服従を促す権力で、17～18世紀に現れた（Foucault 1975: 244=1977: 210-1）。パノプティコン（一望監視装置）に象徴される権力のモデルである。「生‐政治学」は、18世紀中葉以降に「規律＝訓練」よりもやや遅れて、しかしそれと折り重なるように成立した権力で、種としての人口を調整・管理する（Foucault 1976: 182-3=1986: 176-7）。そこでは、出生率、死亡率といった統計学的概念が問題となる。

そしてフーコーによれば、セクシュアリティは「生‐権力」の装置なのである。身体の隷従化（精神医学、性科学）と住民の管理（人口学）に関わるからだ。「一般的に言って、『身体』と『人口問題』の接点にある性は、死の脅威よりは生の経営のまわりに組織される権力にとって中心的な標的となるのである」（Foucault 1976: 193=1986: 185）。

前近代の権力が、支配者に逆らった者に死を与えるというむき出しの暴力だとすれば、「生‐権力」は人びとを「よりよく」「生かす」ために巧妙な作動をする。「死なせるか生きるままにしておくという古い権力に代わって、生きさせるか死の中へ廃棄するという権力が現れた、と言ってもよい」（Foucault 1976: 181=1986: 175）。かくして近代になって、権力は、個人の内面

すなわち人格にまで介入するようになった。

　エミール・デュルケムは、近代化を分業の進展として記述しているが、かれによれば、「有機的社会」すなわち専門分化した近代社会においては、かつての「環節型社会」のように諸個人は類似した存在であってはならず、「人格的特性をもつことが必要」（Durkheim 1902: 399=1989（下）: 270）となる。

　　　より進歩した社会においては、人間の本性は、大部分、社会の一器官
　　　であることであり、したがって、人間にふさわしい行為は、その器官の
　　　役割を果たすことである。(Durkheim 1902: 399=1989（下）: 269)

　デュルケムは、いささか実体論的かつ素朴に、個人が「集合的活動や遺伝的影響」から自由になる過程を、「個人的人格の進歩」と呼んでいるが（Durkheim 1902: 400=1989（下）: 270-1）、「個人的人格」とは、つまるところ近代社会の要請による歴史的仮構物である。ヒトに対して人間（森 1999）、個体に対して個人（三浦 1995）が誕生したのが近代だといってもよいだろう。

　セクシュアリティは、こうした歴史的文脈のなかで誕生した観念である。デイヴィッド・M.ハルプリンは、このような近代における「言説の構造と表象のシステム」を、「ホモフォビア homophobia（同性愛嫌悪）」と呼ぶ（Halperin 1995: 32=1997: 51-2）。「これらは、性の意味生産を決定づけ、個々人の知覚を微細に操って、ヘテロセクシュアリティ特権化の土台を支え、再生産するものなのである」（Halperin 1995: 32=1997: 51）。セクシュアリティの発明は同時に、フーコーのいう「倒錯の確立」（Foucault 1976: 50=1986: 47）をもたらした。典型的なのは、「同性愛」の病理化である[2]。

　　　このようなセクシュアリティの概念がないところに、ホモセクシュア
　　　リティとか、ヘテロセクシュアリティといった概念はあり得ない。人間
　　　存在が、そのセクシュアリティのレヴェルで個人化されたり、セクシュ

アリティにおいておたがいちがっているとか、セクシュアリティによってちがった型の人間に属するとかいった考えがあり得るはずはないのだ。(Halperin 1990: 26=1995: 45)

　古典主義時代においても、キリスト教道徳により生殖につながらない性行為には負のサンクションが課せられていた。しかし「そこで問題にされていたのは、全体としての違法性だ」(Foucault 1976: 52=1986: 49)。前近代においては、個々の性的行為が「自然」に反するものとして非難されることもあったが、近代以降、「同性愛者」という人格・内面が、(医学的・道徳的に) 問題となる[3]。「今や同性愛者は一つの種族なのである」(Foucault 1976: 59=1986: 56)。
　「正しい」セクシュアリティを定義するためには、その裏側で (しかしそれに先立って)、「構成的な外部 constitutive outside」(Hall 1996: 15=2001: 31) が必要となる。ハルプリンによれば、「ヘテロセクシュアル／ホモセクシュアル二分法は、それ自体ホモフォビアの産物である」(Halperin 1995: 44=1997: 67)。そしてホモセクシュアルは、ヘテロセクシュアルを「否定と対立によって……規定し、定義づける手段となる」(Halperin 1995: 44=1997: 68)。つまり「同性愛者」は、「異性愛」的主体にとっての「構成的な外部」として構築されたのである。

2-2.「抹消」されるアイデンティティ
　バトラーは、フーコーの権力分析を受け継ぎながらも、かれの限界を指摘する。彼女の批判は、フーコーが権力の「抹消という計略」(Butler [1991] 1993: 319 n. 11=1996: 133 n. 11) を無視していることに向けられていた。セックスは、生命や再生産のためだけではなく、死の調整と配分のためにも構築される。エイズ対策予算の大幅な削減などを考えれば、「テクノロジーとは、まさに生命保護の配置を許可されていないものであることが……明らかとな

る」(Butler 1996a: 71)。こうしてバトラーは、「抹消」された「存続不可能な主体」を「(非) 主体」と呼んだのである (Butler [1991] 1993: 312=1996: 123)。

彼女が焦点を当てるのは、「同性愛者」の表象をめぐる問題である。すなわち、「現在の風潮の中では、あらゆる種類のホモセクシュアリティが抹消され、圧縮され、あげくのはてに過激な同性愛嫌悪的空想の場へと再構成されてしまう」(Butler [1991] 1993: 312=1996: 124)。

バトラーは、ジェンダーのメランコリー構造を論じていた。ジークムント・フロイトは、喪失した対象を意識して悲しむ状態である「悲哀」と区別して、喪失した対象を意識することもできない状態を「メランコリー」と名づけた (Freud [1917] 1946=1970)。バトラーによれば、「・ジ・ェ・ン・ダ・ーとはオリジナルの・な・い・一・種・の・模・倣」(Butler [1991] 1993: 313=1996: 124) であるから、喪失した対象がオリジナルとして過去に存在したわけではない。そして、異性愛の文化においては、そもそも「同性愛」対象を喪失することは (したとみなすことは) 想定されていない。「抑圧は考えることも名づけることもできない者の領域を作ることで、作用する」(Butler [1991] 1993: 312=1996: 123)。したがって、予め拒絶されている「同性愛者」のアイデンティティは、通常の意味での主体にはなりえない。

> ジェンダー・アイデンティティを理解可能なものにしている文化のマトリクスにおいては、ある種の「アイデンティティ」は「存在する」ことができない——つまり、ジェンダーがセックスの当然の帰結でないようなアイデンティティや、欲望の実践がセックスやジェンダーの「当然の帰結」でないようなアイデンティティは存在できない。(Butler 1990: 23-4=1999: 47)

それゆえ、「同性愛者」は「(非) 主体」なのである。ただし、これを「主体とならない者」「非主体」(鵜殿 1999: 186) と解釈するのは不適切だろう。

バトラーがあえて括弧をつけて「(非)主体」と表記したことの含意を汲み取るべきである。「(非)主体」とは、「主体」としてのありようを、いささかレトリカルに示した概念だと考えられる。

すでに論じたように、「同性愛者」というカテゴリーは、セクシュアリティの装置によって成立した。したがって、「同性愛者」もまた、権力／言説の外部で主体化を免れている存在では決してない。「(非)主体」とは、権力／言説と無関係であるということではなく、表象のされ方や言説上の位置が不安定な存在と考えるべきだろう。そして、不安定であること自体が、まさに言説／権力の効果なのだ。「(非)主体」は、いわば「抹消」されるものとして「存在する」アイデンティティだといえよう。

「同性愛者」が「過激な同性愛嫌悪的空想の場へと再構成」(Butler [1991] 1993: 312=1996: 124) される例として、レオ・ベルサーニが指摘している事態をあげることができる。ベルサーニによれば、「ゲイ」の表象が、「乱交」「受身のアナル・セックス」という（必ずしも事実とは一致しない）イメージを介して、「エイズ」という記号と結びつき、嫌悪の対象となっている。ゲイ男性は、「女性であることの自殺的エクスタシーを拒むことができず同性相手に大股開きした成人男性という、はるかに魅惑的かつ許容しがたいイメージ」(Bersani 1988: 212=1996: 129) でみられ、エイズの原因がゲイ男性のアナル・セックスに求められるのである。ここでは、HIVウィルスという「科学的」「疫学的」な「根拠」は顧みられることもない。リー・エーデルマンは、そうした「胸糞悪い神話」(Edelman 1994: 99=1997: 262) のひとつとして、『マンチェスター・ユニオン・リーダー』の以下のような社説を紹介している。

> 同性愛の性交行為はエイズのありとあらゆる症例の源 genesis である。………ソドミストによって行われる肛門性交という性的倒錯がこの根本起源である。(Edelman 1994: 99=1997: 262-3)

日本でも1983年頃から、複数のエイズ患者の存在が問題となっていた。血友病治療のために投与された輸入非加熱血液製剤にHIVウィルスが混入していたことが、罹患の原因だったとされる。諸外国で非加熱製剤の危険性が指摘された後も、厚生省（当時）はその使用を放置し続けていた。その後1985年3月になって厚生省は、アメリカ在住の日本人「ゲイ」男性について、エイズ発症が確認されたと公式に発表する（広河 1996; 毎日新聞社会部編 1992）。社会的注目を集める「第1号患者」として、血友病患者ではなくゲイが選ばれたのだ。「ゲイ」「アナル・セックス」「エイズ」というカテゴリー連関が、薬害に関する政府の責任を隠蔽することになった（cf. 新ヶ江 2013: 70-6; ヴィンセント 1996: 96）。

　ここで問題なのは、それぞれの言説や表象が事実誤認の内容を含んでいるということ、それ自体ではない。ゲイ男性は、否定ないし嫌悪の対象にふさわしいものとして、ただ漠然と曖昧にイメージされるのである。「ホモフォビア言説は、特定の真か偽かの内容を持った、つまり理性的に検証できる発言の集合とはみなしえない」（Halperin 1995: 32=1997: 52）。なぜなら、ヘテロセクシュアリティは、「ホモセクシュアリティを問題化し、汚れたものとして棄却して、自分は特権的で徴のつかない高みへと上る」（Halperin 1995: 44=1997: 68）からだ。「ホモセクシュアル」とは、「何か一つの実体のあるもの」の記述、「自然種につけられた名」ではなく、ヘテロセクシュアルを無徴項として生み出すための有徴項である（Halperin 1995: 44-5=1997: 68-9）。それゆえ、「ホモセクシュアル」は「論理的には矛盾する観念が投げ捨てられる記号論的ゴミ捨て場」となる（Halperin 1995: 45=1997: 69）。

　エーデルマンが、エイズをめぐる言説を事例に、「ホモフォビックな言説は、異性愛男性としての主体のイデオロギー的構成をもたらすことになる」（Edelman 1994: 105=1997: 268-9）と述べているように、近代社会における規範的「主体」の成立を支えているのが、このような「（非）主体」なのである。つまり、近代社会の想定する「主体」は、まさに「主体」であるために、「構

成的な外部」(Hall 1996: 15=2001: 31) としての「正しい主体ならざるもの」が必要となる。しかし、そもそも完全に主体でなければ言説上にも現れず、有徴項としての役目を果たせない。そのため、正しい「主体」でもなく「非主体」でもない不安定な存在としての「(非) 主体」にならざるをえないのである。

3. バトラー／フレイザー論争
3-1.「分配の政治」と「承認の政治」

では、こうした「(非) 主体」としての「同性愛者」のアイデンティティのありようは、社会制度の物質的側面とどのような関係にあるのだろうか。そのことを考えるため、フレイザーによる分配の政治 politics of distribution／承認の政治 politics of recognition という区分[4]、およびそれに対するバトラーの批判を手がかりとしたい。しばしば、制度への視座が不十分だとされるバトラーであるが、ここではめずらしく異性愛主義の物質的側面を指摘するのである。

フレイザーは、20世紀末における政治的課題として、ジェンダー、エスニシティ、セクシュアリティなど、「集団のアイデンティティ」の承認をめぐる問題が注目される一方で、「物質的不公正」や「社会経済上の再分配」の問題が軽視されがちであるという認識から、「今日の正義は再分配と承認の両方を必要とする」のだと主張する (Fraser 1995: 68-9=2001: 103-4) [5]。そして彼女は、社会経済的な不公正に関する「分配の政治」と、文化的不公正に関する「承認の政治」を分析的に区別し、双方の不公正を被っている集団、すなわち「二価共同体 bivalent collectivities」を事例に、「分配の政治」と「承認の政治」との関係や調和の検討を試みようとする (Fraser 1995: 78=2001: 111)。その際フレイザーは、「ジェンダー」を「二価共同体」の典型とみなし[6]、この概念スペクトルの両側に、「その存在が完全に政治経済に根ざす、理想典型的な共同体様式」として「搾取される階級」を、「承認型の公正モ

デルが当てはまる理想典型的な共同体様式」として「嫌悪されるセクシュアリティ」を配置する (Fraser 1995: 75-6=2001: 109-10)。

　フレイザーによれば、ジェンダーは、「有償の『生産的』労働と無償の『再生産的』家事労働という基本的な区分を構築する」とともに、支払い労働内においても女性を周辺労働力に位置づけるという点で、「社会経済的な不平等」の問題と考えられる (Fraser 1995: 78=2001: 112)。だが同時に、男性中心の文化において女性の「価値の切り下げと軽蔑」という「文化的性差別」が存在するから、「文化的誤認」の問題でもある (Fraser 1995: 79=2001: 112)。しかし、セクシュアリティに関する差別・抑圧 [7] は、もっぱら文化のレベルに属するという。

> 　セクシュアリティとは、政治経済に由来しない社会区分の一様式である。同性愛者は資本主義社会の全階級構造を通して存在し、分業の中に特定の明確な位置を占める訳でもなく、同性愛者だけで一つの搾取される階級を構成している訳でもないからだ。むしろ、その共同体様式は嫌悪されるセクシュアリティの様式であり、文化評価的な社会構造に根差している。……ゲイやレズビアンは、異性愛に特権を与える権威的規範構造である、同性愛差別（異性愛至上主義）を被る。(Fraser 1995: 77=2001: 110)

　このフレイザーの議論に対し、バトラーは「新しい社会運動を『単に文化的なもの』と同一視」するものだと批判する (Butler 1998: 36=1999: 230)。バトラーにとって、分配／承認という区分自体が「理論的時代錯誤の再来」(Butler 1998: 36=1999: 230)でしかない。たとえばマルセル・モースやクロード・レヴィ＝ストロースの理論において、文化的領域と物質的領域の境界は決して明確なものではなく、贈与-交換は、どちらの領域にも還元できないものであった。「構造主義によるマルクスへの補足に加えて、文化と物質的生活と

の区分はいまやどこからみても崩れかかっているのだ」(Butler 1998: 42=1999: 236)。

とくに彼女が強調するのは、セクシュアリティに関する社会的規制が「生産様式」だということである(Butler 1998: 40=1999: 234)。実際、現在のアメリカ合衆国において、「同性愛者」たちは、さまざまな「物質的」不利益を受けている。

> たとえばレズビアンやゲイが国家により是認された家族概念(つまり税法上と財産上での経済単位)から排除され、境界線上にとどめられ、市民権を認められず、ときによっては言論の自由や集会の自由を奪われ、(軍隊に属していれば)自分の欲望を語る権利すら与えられず、あるいは死にかけている恋人のために緊急医療処置についての決断を下す権利も、死んだ恋人の持ち物を引き取る権利も、死んだ恋人の体を病院から引き取る権利さえも法によって奪われているような状況を考えてみたとき、これらはいわゆる「聖家族」像をまたしても浮上させ、財産上の利害の規制と分配のルートを限定しようとしている例であるとは言えないだろうか。(Butler 1998: 41=1999: 235)

さらには、レズビアンたちの貧困率の高さや、HIV感染者への差別的な扱いをも考える必要がある(Butler 1998: 41=1999: 235-6)。

バトラーの批判に応えて、フレイザーは、自らの立場を「承認の不公正を『単に文化的なもの』と貶める」ものではないと述べたうえで(Fraser 1998: 141=1999: 242)、分配／承認という区分は、少なくとも分析上は有効であると主張する。たしかに前資本主義社会において「経済的／文化的という区分は通用しなかった」が、この区分を「資本主義社会……に適用すれば、非常に有意義で有用」なものとなる(Fraser 1998: 148=1999: 249)。反論の過程でフレイザーが問題にするのは、バトラーが「物質」と「経済」とを混同して

いるということである[8]。つまり、分配／承認という区別は、経済／文化の関係で把握すべきであるのに、バトラーは、これを物質／文化の関係に読み替えてしまっている。フレイザーによれば、「誤認という不公正は、不平等分配という不公正と同じくらい物質的なもの」である（Fraser 1998: 143=1999: 245）。だから、「同性愛者」がおかれている物質的に不公正な状況をいくら事例としてあげても、自分への批判としては意味をなさないという。

　だが、フレイザー自身が「社会経済」「政治経済」「物質的」という語をほぼ互換的に用いていることに注意しなくてはならない。そもそも分配／承認という軸は、「政治経済構造」に基礎をおく「社会経済的な不公正」と、「表現、解釈、コミュニケーションという社会的パターン」に基礎をおく「文化的あるいは象徴的なもの」という区分に対応しているものだった（Fraser 1995: 70-1=2001: 105-6）。そして、前者の救済策として「政治経済上の再構成」、すなわち「収入の再分配、分業の再編成、民主主義的な政策決定に従った投資、あるいは他の基礎構造の変容」が、後者の救済策として「文化的・象徴的な変化」、すなわち「軽視されたアイデンティティと中傷されたグループの文化的産物を積極的に再評価すること」、「文化的多様性を承認し、積極的に査定すること」、「更に一層過激には、万人の自己意識を変えてしまうような方法で、表現・解釈・コミュニケーションという社会様式を大規模に変容すること」があげられている（Fraser 1995: 73=2001: 107）。

　つまりフレイザーにとって、「分配」の対象は狭義の「経済的」なるものに限定されておらず、また「承認の政治」においては、社会制度の物質的側面はほとんど考慮されていないのである。

3-2. 社会制度と主体（化）

　しかし、本書においてより重要なのは、物質／文化であれ、経済／文化であれ、そうした二元論自体の、あるいは個々の差別や抑圧をその一方に割り振ることの妥当性である。「政治経済の物質的な効果は、文化と避けが

たく結びついている」し、「承認やアイデンティティをめぐる正義の問題は、不可避的に物質的経済的資源やその結果をともなうもの」(Young 1997: 148／154)であろう。

　実はフレイザーも、レズビアンやゲイが被っている「経済的不公正」の存在を認めている。彼女／かれらは「即座に解雇されることもあれば、家族制度にもとづいた社会福祉の恩恵を受けられないこともある」(Fraser 1995: 77=2001: 111)。とはいえ、それは文化的問題の派生にすぎないという。

　　　すなわち、同性愛者たちの経済的不利益は、資本主義構造の網の目のなかに仕掛けられているものというよりは、承認関係のなかのヘテロセクシズムの結果として理解すべきなのだ。(Fraser 1998: 147=1999: 248)

　また同様に、「マルクス主義でいう労働者階級」も「深刻な文化的不公正」を被っているが、それは、「不当な文化構造に直接根差している」のではない(Fraser 1995: 75-6=2001: 109-10)。「これらは政治経済に由来し、その一方で階級の劣等性というイデオロギーが増殖し、搾取を正当化している」(Fraser 1995: 76=2001: 110)のだという。

　このようにフレイザーは、セクシュアリティの領域にも、階級の領域にも、社会経済的問題と文化的問題との双方が見出せるとしながら、分配／承認という区分を維持するのである。それは彼女が、ふたつの救済策を対立的なものと考えるからだ。

　　　承認に対する要求がしばしばどのような形態を取るかというと、まず、ある集団のものとされている特異性に注意を喚起する。たとえそうすることによってその特異性を創り出さないまでも。そしてその特異性自体の価値を肯定する。こうして、承認に対する要求は集団の分化を促す傾向にある。対照的に、再分配に対する要求は、しばしば集団の特

異性を補強している経済上の取り決めの廃止を求める（一例としては性別分業の廃止を求めるフェミニストの主張が挙げられるだろう）。このように、再分配に対する要求は集団の脱分化を促す傾向にある。(Fraser 1995: 74=2001: 108)

そのため、分析的に異なる二種類の不公正を被る「二価共同体」の場合、「政治経済と文化の両方を変える必要」があり、ここに「ジレンマ」が生じる (Fraser 1995: 79=2001: 113)。たとえば、性別分業については、「再分配の論理がジェンダーそのものを廃止しようとするのに対し、承認の論理は、ジェンダーの特異性の価値を設定しようとする」(Fraser 1995: 80=2001: 113)。

そこで彼女は、分配／承認の区分に交差する肯定 affirmation／変容 transformation という軸を設定する[9]。「肯定的救済策」とは「基礎構造を乱すことなく……不公正な結果を修正すること」で、「変容的救済策」は「基礎構造をまさしく再構築することによって、不公正な結果の修正を狙う救済策である」(Fraser 1995: 82=2001: 115-6)。そしてフレイザーは、「再分配‐承認のジレンマを……巧みにかわすことができるような救済策」として、「変容的再分配」と「変容的承認」との組み合わせを提唱するのである (Fraser 1995: 88-9=2001: 120-1)。

だが、肯定／変容という別の区分が持ち出されたこと自体、「再分配‐承認のジレンマ」が擬似対立にすぎなかったことを明らかにするものであろう。つまり、フレイザーは当初の段階で「肯定的承認と両立しないものとして変容的再分配を概念化したために、……フェミニズム……の運動の目標が〔それぞれの運動の〕内部において矛盾がみられるという説明を構築するのに成功したのである」(Young 1997: 152)。フレイザーは、「再分配型の救済策は、つねに社会集団を脱分化させるもの」と、また「承認型の救済策は、つねに社会集団の分化を強めるもの」と「仮定」してきたというが (Fraser 1995: 82=2001: 115)、その「仮定」が恣意的なものだったのだ。

もっともフレイザーは、(最終的には肯定／変容という軸を導入しながらも) この「仮定」に一定のリアリティを見出しているようだ。彼女は、「再分配-承認のジレンマ」について、「最低限に抑える」方法を論じつつ、「抹消するとまではいかなくとも」と述べざるをえなかった (Fraser 1995: 86=2001: 119)。

　おそらくそれは、フレイザーが、「フェミニスト的実践のエージェント」として、「集団的アイデンティティ」が必要だと考えているからであろう (Fraser 1997: 164-5=2003: 247)。フレイザーは「変容的承認」を「脱構築」と呼ぶが、それは「脱構築」として不徹底なものでしかない。彼女は、「脱構築的フェミニズムが長期的に目標としているのは、ヒエラルキー的なジェンダーの二分法が、種々の差異からなるネットワークに置き換えられた文化であるが、これらは多様で変化しやすく、複合的で互いに交差し合うものでなければならない」(Fraser 1995: 89-90=2001: 122) と述べている。しかしそれでは、「同一視されていた集団」に「べつの差異化軸が導入される」にすぎず、「アイデンティティを細分化」することはできても、「否定的な意味がつけられたアイデンティティを転覆することにはなりえない」(竹村 2002: 230-1) [10]。

　結局フレイザーは、特定の差異を暗黙の前提として社会制度を論じているのである。フレイザーの議論には、概念操作上の混乱があるだけでなく、主体化の機制を適切に理論化していないという難点があるのだ。

　こうしたフレイザーの所論は、アイリス・M. ヤングが指摘するように、フェミニズムの社会運動が「経済的不利益や支配の問題を無視している」という誤解にもとづいている (Young 1997: 148)。だがヤングが、「文化的な承認を経済や政治的正義の手段と理解すべき」(Young 1997: 148) と述べるとき、今度は、アイデンティティの問題を、物質・経済に還元してしまっていることにならないだろうか。「個人や集団は、もしかれらをとりまく人々や社会が、かれらに対し、かれらについての不十分な、あるいは不名誉な、あるいは卑しむべき像を投影するならば、現実に被害や歪曲を被る」(Taylor 1994:

25=1996: 38〔強調は引用者〕）のであるから、文化的承認を、単に経済的正義を達成するための手段と捉えるべきではない。

したがって、特定の差別・抑圧を、分配／承認、物質／文化という区分の一方に割り当てることなく、「物質的なるものと文化的なるものの絡み合い」（Young 1997: 158）を問題にする必要がある。その際、何らかの差異がそのようなものとして位置づけられていること自体を、社会制度の物質的側面という観点から検討しなければならない。

4. 公私二元論と異性愛主義
4-1.「（非）主体」の空間的不在

本節では、異性愛主義における「物質」と「象徴」の関係について考察する。バトラーは、フレイザーとの論争のなかで、「性的分業やジェンダー化された労働者の再生産の過程の解明には、家族についての分析、とりわけ社会的見地からの分析が必要」（Butler 1998: 40=1999: 234）だという。彼女によれば、とくに以下の2点が重要である。

> ひとつは、性的再生産の領域を生活の物質的条件の一部として、つまり政治経済に固有の構築的な特徴として立証すること、そしてもうひとつは、ジェンダー化された個人……の再生産が、……異性愛者を再生産する場としての異性愛家族の再生産そのものに、いかに依存しているかを示すこと……。（Butler 1998: 40=1999: 234）

いうまでもなく、これらは、マルクス主義フェミニズムが試みてきたことだ[11]。マルクス主義フェミニズムによれば、近代における家内領域／公共領域の区分はジェンダー的に規定されている。公的領域たる市場は、ヒトをインプット／アウトプットする私的領域たる「家族」をその外部「環境」としている。市場での生産労働に対して、家族の領域で行われるのが再生産労

働である。つまり、市場は、次世代労働力の再生産（出産、養育）、現在の労働力の維持・再生産（労働者の食事・安息等）、労働力資源とはみなされない高齢者・障がい者のケアを家族に依存する。私的領域における再生産労働を担わされるのは女性であるから、女性は無償の周辺労働力として搾取される（上野 [1990] 2009: 9-11）。このような市場と家族の相互関係ゆえに、女性は労働市場に「進出」した場合でも、相対的に不利な立場におかれることになる。

　本書の理論的関心から整理すれば、マルクス主義フェミニズムの図式は、ジェンダーに関する「社会経済的な不平等」を、「男」「女」の社会空間上の配置として描いているといえよう。フレイザーが、ジェンダーについて「政治経済的な区分」の問題でもあるというのは（Fraser 1995: 78=2001: 112）、マルクス主義フェミニズムにもとづいている。そして、ここから「同性愛者」の存在を考えるとき、かれ／彼女らのおかれた不安定な位置が明らかになる。

　マルクス主義フェミニズムにおいて、公的領域は、成人男性のための空間とされる。イヴ・K. セジウィックの議論を敷衍すれば、このことはすなわち、公的領域が異性愛男性の空間であることを示している。セジウィックは、近代における男性間の連帯を「ホモソーシャル連続体 homosocial continuum」と呼んだ。ここでいう「ホモソーシャル」とは、女を性的対象とみなすことで成立する男性同士の同質な関係性を意味し、「ホモセクシュアル」とは区別される[12]。近代における男性の「ホモソーシャル」な関係性は、女を交換対象とするというミソジニーとともに、自分たちのホモセクシュアル的要素を否定するというホモフォビアとで構成されている。

　　　ホモフォビアの中でも、男性が他の男性に向けるホモフォビアはミソジニスティックであるし、おそらく汎通的にそうしたものであることは指摘しておきたい（私は「ミソジニスティック」という用語を、男性が自身の中に存在するいわゆる「女らしさ」に対して抑圧的な場合だけで

なく、女性に対しても抑圧的な場合にも使うことにしている)。(Sedgwick 1985: 20=2001: 30)

セジウィックがレヴィ＝ストロースを引用して述べるところによれば、ホモソーシャルな関係性においては、文化自体が「男性と女性との間に確立されるのではなく、二つの男性の集団の間で確立されるのであり、(その中では)女性は交換の対象の一つとして現れるにすぎないのであって、パートナーの一人として現れるのではない」(Sedgwick 1990: 184=1999: 267-8; Lévi-Strauss 1967: 135=2000: 235)。女性を性的対象とする男性同士の絆に参加するためには、「同性愛者」ではないということが要請される。あるいは、同性愛的欲望を排除することで、男たちの連帯が可能になっているのだ。「ホモセクシュアリティは……男性のホモソーシャルな連続体の排除されない部分との関係によって定義されて来た」から、男性にとって、ヘテロセクシュアルであることは、「権利資格授受の標準的条件」である (Sedgwick 1990: 185=1999: 269)。

したがって、「(非)主体」としての「同性愛者」は、公的領域の成員としての「権利資格授受の標準的条件」を有しない。公的領域は、性的な中立性を装っているが、それは結局、異性愛男性を規範的主体とする空間なのだ。そのため、性的に有徴化された「同性愛者」は、正当な参加者とはみなされない。

だが、私的領域たる「家族」もまた、「異性愛という制度」を「中核」としている (牟田 2006: 6)[13]。フーコーの用語を借りれば、「婚姻の装置」と「セクシュアリティの装置」との結びつきとして説明できるだろう (cf. 田崎 2000: 79)。「婚姻の装置」は、「結婚のシステムであり、親族関係の固定と展開の、名と財産の継承のシステムである」(Foucault 1976: 140=1986: 136)。この装置は多くの時代・社会にみられる。一方、「セクシュアリティの装置」は、18世紀以降の西欧において、「婚姻の装置に重なりつつ」(Foucault 1976: 140=1986: 136) 発明された。家族は「情動と感情と愛情の唯一可能な場」と

なり、「セクシュアリティはその開花の特権的な点を家族に置くようになった」(Foucault 1976: 143=1986: 139)。セクシュアリティが婚姻関係の内部に閉じ込められることによって、「異性愛」が特権化されるのだ。

かくして「同性愛者」は、私的領域にも居場所を見つけられない。ゲイル・ルービンは、次のように述べている。

> 家族というものは、性的な服従の強化における重要な役割を果たす。多くの社会的圧力により、ふつうは家族が与えてくれる福祉や資源が性的逸脱者にはもたらされないのだ。……家族のなかの性的規範を侵害するような成員に対して、改めさせられ、罰を与えられ、追放されるという対処がなされることは多い。(Rubin 1984: 293=1997: 118-9)

「男」の有徴項としての「女」は、私的領域という社会空間に配置され、再生産労働力として搾取される。他方で、「異性愛者」の有徴項としての「同性愛者」は、公私に分離した社会空間において位置を与えられない。こうした存在が、「(非)主体」だといえるだろう[14]。「(非)主体」とは、社会空間の参加者としての資格をもたない存在なのである。

4-2. 社会空間の構成的外部

このように捉えるとき、性差別(ジェンダー)と異性愛主義(セクシュアリティ)は別の水準の出来事のように思えるかもしれない。つまり、近代における公私二元論を前提にした場合、性差別は社会空間上の「男」「女」の非対称的な配置を意味するが、異性愛主義において「同性愛者」は、社会空間に配置されていないことになるのだ。

この点フレイザーも、ジェンダーとセクシュアリティの関連を強調する立場に対して、次のように批判する。

〔バトラーのように〕セクシュアリティをジェンダーと不可分であると考える場合、セクシュアリティ自体も、文化と政治経済の両方に同時に根差した「二価」共同体であるとの見方ができる。すると同性愛者が直面する経済上の害は、……文化的に定着したものではなく、経済的に定着したものであるように見えてくる。……それには深刻な欠点があると私は考える。ジェンダーとセクシュアリティをあまりに強く束ねることにより、この分析は、一方では分業の中に明確な位置を占める（そして存在の大部分がこの事実によって成り立っている）集団と、他方ではそのような明確な位置を占めない集団との間の重要な区別を覆い隠してしまっているのだ。(Fraser 1995: 76-7 n. 18=2001: 129 n. 19)

マクネイもまた、バトラーにおける「物質的なるもの」の軽視を批判し、「主体編成の言語論的理解がジェンダーをセクシュアリティの問題に還元している」(McNay 2000: 16) と述べていた。

とすれば、フレイザーが繰り返し主張するように、ジェンダーは物質的な不平等の問題であるが、セクシュアリティはそうではない、ということになるのだろうか。たしかに、たとえば「性別分業」が存在するという程度に、「異性愛者／同性愛者分業」が存在するとはいえないだろう。「同性愛者」は、公私に分離した社会空間において、特定の場所に組み込まれていないから、当該カテゴリーにおいて直接的には物質的搾取の対象とはなりにくい。

しかしこのことは、性差別と異性愛主義が独立していることを意味しない。セジウィックが強調したのも、「男性支配社会では、男性の（同性愛を含む）ホモソーシャルな欲望と家父長制の力を維持・譲渡する構造との間に、つねに特殊な関係が——潜在的に力をもちうる、独特の共生関係が——存在する」(Sedgwick 1985: 25=2001: 38) ということであった。そもそも本章での検討をふまえれば、性別分業を構成する社会空間の効果として、「同性愛者」は社会的位置を与えられないのである。「同性愛者」に社会空間上の居場所がな

いことと、性別分業のあり方とは論理的に切り離せないのだ。それゆえ筆者は、「同性愛者」というアイデンティティが、（性別分業の）社会経済的側面を支えていることを主張したい。

さきに、「(非) 主体」としての「同性愛者」について、公私の分離のなかで「社会的位置を与えられない存在」と述べた。だがそれは、公的領域にも、私的領域にも、事実として「同性愛者」がいないということではない。「同性愛者」にアイデンティファイする（可能性を有する）者は、社会のあらゆる空間に存在する。しかし、彼女／かれらの存在は無視される。アイデンティティが「抹消」(Butler [1991] 1993: 312=1996: 124) されるとは、このような事態を示している。公私に分離した社会空間は、その成員を（原則として）「異性愛者」として扱っているのである。再確認しておくが、「(非) 主体」とは、「抹消」されるものとして「存在する」アイデンティティなのだ。

結局、異性愛主義とは、「異性愛者」による「同性愛者」の搾取に由来するものではなく、異性愛を前提とした社会が成立していること、あたかも「同性愛者」なるものは存在しないかのように社会が成り立っていることと考えるべきだろう。それゆえ、社会の「真っ当な」構成員たる「異性愛者」のアイデンティフィケーションにおいて「同性愛的」要素は抑圧・棄却され、また「同性愛」的行動をとる者、「同性愛者」にアイデンティファイする者が社会から排除されるのである。

したがって、バトラーが、異性愛主義の物質的側面として、「レズビアンやゲイ」が「財産上の利害の規制の分配のルート」から「排除」されていることを指摘し、次のように述べるのは、決して正確な表現ではない。

> これを単なる文化的中傷行為と片付けてしまってよいものなのか。こうした権利の剥奪は、セクシュアリティやジェンダーに応じて法的権利や経済的権利の配置を決定するという、ある特定の作用を意味するものではないのか。(Butler 1998: 41=1999: 235〔強調は引用者〕)

ここでは、「同性愛者」が、あたかも当該カテゴリーを基盤として搾取されているかのように記述されている。だが、「異性愛者」や「同性愛者」というカテゴリーが予め存在し、両者の不平等な関係から異性愛主義が生じるのではない (cf. 竹村 2001: 219)。異性愛主義が「異性愛者」を「主体」として成立させるとき、「(非) 主体」としての「同性愛者」のアイデンティティが、その外部に作り出されるのである。

もっとも、フレイザーのように「同性愛者」の社会経済的不利益を文化的誤認の派生と捉えるのも、また誤りである。異性愛主義における主体化のメカニズムは、まさにそれ自体が、社会経済的なものだからだ。

すなわち、性別分業にもとづく公私の分離という社会空間は、「異性愛」の「男」「女」を前提としているのだが、そのような異性愛「主体」をイデオロギー的に構成しうるには、棄却対象としての「同性愛者」というアイデンティティが不可欠となる。「(非) 主体」は、社会空間を構成する「真っ当な社会成員」のアイデンティティ形成を支えているという意味において、社会空間の産出の前提となるのである。

ようするに「同性愛者」は、否定的な形で、社会空間と関係しているのであり、一見、社会経済構造に組み込まれていないことによって、逆説的に社会経済構造に関わっているのだ。

5. おわりに

本章では、「同性愛者」を「(非) 主体」と捉えて、異性愛主義の物質性を検討した。ここでいう「(非) 主体」とは、規範的な「主体」に対する「構造的他者」であり、それゆえ社会空間上の位置を与えられない存在を意味する。「異性愛」の「男」「女」は、公的領域と私的領域にそれぞれ配置されるが、「(非) 主体」としての「同性愛者」は、社会空間上の居場所を見出せない。そのため「同性愛者」は、社会の物質的側面に関わっていないかのように思

えるかもしれない。しかし「同性愛者」は、異性愛「男」「女」の主体化を、その「構成的な外部」として支えているという点で、社会空間の構造化に関わっているのである。「(非) 主体」は、「真っ当な社会成員」のアイデンティティ形成を、つまりは社会空間の産出を外部から可能にしているのだ。

　こうして、分配／承認、物質／象徴の二元論や、どちらか一方への還元では、制度と主体の関係を適切に把握できないことが明らかとなった。前述のマクネイによるバトラーへの批判も、物質／象徴という二元論を、かかる区分を拒否するバトラーの理論に無理やり重ね合わせており、不適当なものといえる。

　もちろん、バトラー自身も、両者の関係を十分かつ適切に論じてこなかったのは確かである。したがって、物質／象徴の相互還元不可能性を、二元論に陥ることなく再定式化することが次章の課題となる。具体的なレベルでいえば、特定の制度と特定の主体 (化) のありようを検討する必要があるだろう。また、「(非) 主体」すなわち「同性愛者」と解釈するのでは、主体／(非) 主体の関係を固定的に捉えすぎていることになる。主体／(非) 主体の関係が文脈依存的であることに注意しなくてはならない。

【注】
(1) 本章は、大貫挙学 (2003) に大幅な加筆修正を施したものである。
(2) 1900 年に定められた WHO の「国際疾病分類」(いわゆる「ICD」) は、長らく「同性愛」を「人格障害」とみなしていた。また、アメリカ精神医学会による『精神疾患の診断・統計マニュアル』(いわゆる「DSM」) は、ICD 同様、精神科医療の診断基準として世界各国で用いられているものだが、1952 年に発表されたその第 1 版において、「同性愛」は「病的性欲をともなった精神病質人格」とされていた。その後、ゲイ解放運動による抗議等を受け、DSM は 1988 年の修正第 3 版以降、「同性愛」についての記述を削除し、ICD は 1993 年の改訂第 10 版で、「同性愛はいかなる意味でも治療の対象とはならない」と宣言するに至った。日本では、1994 年に厚生省 (当時) が、ICD を公式基準とし

て採用し、翌年、日本精神神経学会も、ICDをふまえて、「同性愛」それ自体は「精神疾患」に該たらないとの見解を示した（稲葉1994; Kutchins and Kirk 1997 ch. 3=2002: 第3章）。ICDから「同性愛」が除外された日を記念して、5月17日は「国際反ホモフォビアデー International Day Against Homophobia」に指定されている。

　しかし現在でも、精神医学的知やその実践の場面において、しばしば「同性愛」は「逸脱」的なものとして扱われる。たとえば、刑事精神鑑定が、暗黙のうちに「異性愛」を基準としていることについて、大貫・松木（2003）を参照。

(3) 行為から人格へというフーコーの図式には一定の留保が必要である。イヴ・K. セジウィックが指摘するように、ソドミーやホモセクシュアルの定義において、行為と人物特性は「共存」しており（Sedgwick 1990: 47=1999: 64）、20世紀以降も、さらに現在においても、同性間の性行為はしばしば刑事罰の対象とされている（富山1992: 7-16; 角田1991: 第7章; 上村2004: 第4章）。もっとも、それはフーコー理論を棄却するものではない。そうではなく、「〔フーコーの〕貴重な物語の内部で、注意と強調の場を再配置すること」が求められるのだ（Sedgwick 1990: 47-8=1999: 65）。

(4) マクネイも、アイデンティティの構築を過度に強調する「フーコー派」や「脱構築モデル」を乗り越える試みとして、フレイザーの議論を位置づけている（McNay 2000: 15）。

(5) 論争の発端となったフレイザーの論文は、当初『ニュー・レフト・レヴュー』に掲載され（Fraser 1995=2001）、その後、彼女の著書に収録された（Fraser 1997: ch. 1=2003: 第1章）。本章では、論争の経緯を追うという文脈上、引用等は基本的にFraser（1995=2001）から行うこととする。なお、この論争にはアイリス・M. ヤングやリチャード・ローティらも参加しており、Olson ed.（2008）に各論者の論文が再録されている。

(6) フレイザーは、「人種」についても「二価共同体」の一例にあげている（Fraser 1995: 78=2001: 111）。

(7) 本書では「差別・抑圧」と併記しているが、ヤングは「差別 discrimination」と「抑圧 oppression」を区別する。彼女によれば、非差別は、差異の否定を意味するが、非抑圧は、アファーマティヴ・アクションのような異なった取り扱いを正当化しうるという（Young 1990: 195-7）。こうした区別が採用される

のは、ヤングがある種の文化的差異を自明視しているからである（e.g. Young 1990: 191）。しかし筆者は、かかる見解を共有しない。本章注（10）も参照。
(8) 伊野真一も、フレイザーの論旨をふまえて、バトラーに不十分なのは「『物質的』というより『経済的』な視点」（伊野 2000: 251）だと論じる。しかし伊野のいう「経済性の問題」とは、「異性愛的規範を支えるシステムそのもの」であり（伊野 2000: 252）、結局それは、バトラーにおける「物質」を意味する。
(9) フレイザーは、「肯定的再分配」として「自由主義福祉国家」を、「肯定的承認」として「主流の多文化主義」を、「変容的再分配」として「社会主義」を、「変容的承認」として「脱構築」を、政策方針にあげている（Fraser 1995: 87=2001: 119）。
(10) なお、フレイザーの「脱構築」モデルを批判するヤングも、「連帯の政治は、それぞれの集団が、お互いに、〔相手の〕特有の見方や環境を承認し、敬意を表するときにのみ、構築され、また維持される」と述べている（Young 1997: 160）。ここでは、それぞれの「集団」や「他者」を差異化する軸は、疑われることはない。ヤングは「社会的平等」を「集団の差異の相互承認と肯定」に結びつけており（Young 1990: 191）、集団間の差異は議論の前提となっているのだ。
(11) バトラー自身は、「社会主義フェミニスト socialist-feminist」という表現を用いている（e.g. Butler 1998: 40=1999: 234）。本書では、「社会主義フェミニズム」「唯物論フェミニズム」等と名づけられるものも広く含めて、「マルクス主義フェミニズム」と呼ぶことにする。マルクス主義フェミニズムについては、次章でより詳細な検討を行う。
(12) ただし、「ホモソーシャル」は「ホモセクシュアル」と対極にあるものではない。むしろ、「男性ホモソーシャル連続体」の「裂け目 schism」として、ホモセクシュアルな欲望はつねに回帰するのである（Sedgwick 1985: 201=2001: 308）。だからこそ、この裂け目をふさぐために、同性愛的なるものは徹底して否認されることになる。
(13) 牟田和恵は、「ジェンダーの『自然』の仮構の上に、性的欲望や生命と労働力の再生産の仕組みをつくりあげる、『家族』をめぐる政治がある」として、「そうしてつくりあげられ機能してきた家族」を「ジェンダー家族 gender family」と名づけている（牟田 2006: 7）。それは、家族社会学が従来「近代家族 modern family」と呼んできたものと重なってはいるが、以下の含意が強調

されていることに独自の意義がある。すなわち、「『男』『女』というジェンダーの二分法そのものが権力関係を含んでいること」、および「ジェンダーという概念は、異性愛という制度とそれを中核とする家族という構造と、密接不可分であること」(牟田 2006: 5-6) である。牟田による「ジェンダー家族」概念の提唱は、バトラー的なジェンダー理論をふまえ、近代家族論を再構成する試みとみなすことができよう。

(14) もちろん、このことは、個々の差別現象において、性差別のほうが同性愛差別よりも深刻でない、という意味ではない。「主体」「(非) 主体」関係の文脈依存性に関する次章での議論も参照。

第4章　マルクス主義フェミニズム理論の再構成

1. はじめに

　本章の目的は、マルクス主義フェミニズムの再検討を通して、「物質」と「象徴」の関係について、前章の考察を発展させることにある[1]。

　前章において、「同性愛者」を「(非)主体 (un)subject」とみなしたうえで、異性愛主義の物質性を指摘した。その際、マルクス主義フェミニズムの図式を議論の手がかりとしている。しかしながら、「(非)主体」を「同性愛者」に限定して解釈するのでは、「主体」と「(非)主体」の関係を固定的に捉えすぎていることになる。したがって本章では、「主体」「(非)主体」関係の文脈依存性という観点を重視する。すなわち前章が、マルクス主義フェミニズムに依拠して、「(非)主体」としての「同性愛者」について、社会空間上の位置/不在を論じるものだったとすれば、本章では逆に、「(非)主体」概念に着目することで、マルクス主義フェミニズム理論の再構成を試みる。

　以下では、マルクス主義フェミニズムの学史的展開を振り返ることから、議論を始めたい。そこでは、マルクス主義フェミニズムにおいては、性的主体化の言説的機制が適切に理論化されていないことが確認される（第2節）。次に、「主体」「(非)主体」の立体的配置という視座から、社会空間上の公私二元論と性的主体化との関係を描き出す。そして、差別・抑圧の「物質」的側面と「象徴」的側面とが、相対的な関係にあることを明らかにする（第3節）。最後に、マルクス主義フェミニズムにおける「家父長制 patriarchy」の「物質的基盤」に対する批判的検討を行う。こうした作業によって、制度

の物質性と言説的主体化との関係が明確になるだろう（第4節）。

2. マルクス主義フェミニズムの理論構成
2-1.「家父長制」の再発見

　マルクス主義フェミニズムは、マルクス経済学をフェミニズムの視点から批判的に捉え直すことで成立した。しばしば指摘されるように、それはフェミニズム領域へのマルクス主義の単なる「応用」ではない[2]。マルクス主義フェミニズムの展開は、（他領域における「ポスト・マルクス主義」の展開と同様）マルクス主義からの離脱の歴史でもあった。

　周知のとおりカール・マルクスは、資本主義の運動法則を資本蓄積過程として説明した。資本主義社会では、商品は二重の価値を帯びる。すなわち商品は、「その属性によって人間のなんらかの種類の欲望を充足させる」という「使用価値」（Marx [1890] 1953 (1): 39=1969 (1): 67）のみならず、他の商品と「交換される比率」である「交換価値」（Marx [1890] 1953 (1): 40=1969 (1): 70）をも有する。そして、交換価値と賃金との差から生じる剰余価値が、資本に「再転化」されることで、資本は拡大再生産することになる（Marx [1890] 1953 (1): 607=1969 (3): 123）。マルクスの労働価値説において、商品の価値は、その生産に費やされた労働力によって決定されるから、剰余価値とは、つまるところ労働力の搾取を意味している（Marx [1890] 1953 (1): 226=1969 (2): 72）。資本主義は不可避的に周辺労働力を必要とするのだ。

　1960年代後半から70年代にかけて、いわゆる「マルクス・ルネッサンス」のなかで、マルクス経済学を用いて、女性に対する階級的抑圧を分析しようとする試みが始まった。欧米における「家事労働論争」では、労働価値説を拡張することで、家事労働が、使用価値や剰余価値を生むものと捉え直され（Benston 1969; Dalla Costa and James 1975）、あるいは資本主義生産様式の内部にあるものと考えられるようになった（CSE Sex and Class Group 1982）。こうして、価値を生み出す「労働」として、女性の「家事労働」を捉える視点が示され

た[3]。マルクス主義フェミニズムにとっては、いわば「前史」である。

しかしながら、資本によって搾取される側に女性を位置づけたとしても、「どうして女性が家庭の内外で男性に従属するのか、どうしてその反対ではないのかについて、何の手がかりも提供しない」(Hartman [1979] 1981: 10=1991: 42)。マルクス主義には、「家族」を「階級分析の外」(West 1978: 222=1990: 206) におくという「セクシズム」(Hartman [1979] 1981: 2=1991: 33) があるのだ[4]。

> 経済学は社会における財の交換に関連する事柄すべてを扱うと称しているが、実際には財の生産・流通・消費の諸システムのうちの一つのシステム、つまり市場システムを対象にしているにすぎない……。(Delphy 1984: 15=1996: 1-2)

そこでキータームとなるのが、「家父長制」である。「家父長制」は、もともと社会学や文化人類学では、前近代における特定の家族形態や支配原理を表すものとして使われてきた用語であるが、ラディカル・フェミニズムによって、フェミニズムの文脈に導入されることになる（瀬地山 1996: 第 1 章；千田 1999）[5]。近代社会における女性抑圧の構造が、再び「家父長制」と名づけられたのだ。ラディカル・フェミニストのケイト・ミレットは、「政治」という用語について、「会議や議長や党派といった、相対的にせまく排他的な世界」ではなく、「権力構造的諸関係、すなわち一群の人間が他の一群の人間に支配される仕組み」を指すものだとしたうえで、男女間の政治関係を「家父長制」と呼んだ（Millet 1970: 23-4=1985: 69-70）。ミレットによれば、「家父長制」は「われわれの文化のおそらくもっともいきわたったイデオロギーとして通用」する「性による支配」を指す（Millet 1970: 25=1985: 72）。

「個人的なことは政治的である The personal is political」とは、第二波フェミニズムにおける中心的テーゼであったが、「個人的なこと」と「政治的な

こと」を媒介させたのが、「家父長制」概念だといえる。「家父長制」概念の再定義によって、性支配のあり方をマクロな社会的文脈で理解できるようになったのだ。

マルクス主義フェミニズムは、ラディカル・フェミニズムの「家父長制」概念を受け継いでいく。その橋渡しをしたのが、ジュリエット・ミッチェルである。ミッチェルは、「家父長制」にフロイト心理学のいう「父の法」という意味を込め（Mitchell 1974: xvi=1977: 7）、「資本主義という経済様式と家父長制というイデオロギー様式」を「二つの自律的分野」として扱った（Mitchell 1974: 412=1977: 270）。しかし、家父長制をイデオロギーと捉えるミッチェルの議論は、「女性の労働力と男性の労働力の関係にそくして家父長制に物質的基盤を与えることに失敗し、さらにパーソナリティ形成やジェンダー形成の過程にある物質的局面を指摘することにも失敗している」（Hartman [1979] 1981: 12=1991: 44-5）などの批判を受けることになる。

以降、マルクス主義フェミニズムにおいては、「家父長制」の「物質的基盤」が重視されている。ナタリー・J. ソコロフは、次のように述べる。

　　家父長制という制度は、単にイデオロギー的にだけでなく、物質的にも女性の生活に真に重大な意味をもつ。今日の資本主義との関係において、それを単に付帯現象とか上部構造として扱うことはできない。家父長制は、それ自体を一つの力として分析しなければならないのである。（Sokoloff 1980: 154=1987: 198）

マルクスの提示した「社会構成体」概念は、物質的基盤（下部構造）としての生産様式がイデオロギー形式（上部構造）を規定するというものであった。それゆえマルクス主義者たちは、イデオロギーを二次的・派生的なものとみなす傾向がある。マルクス主義フェミニズムが、「家父長制」概念の意義を強調する際、家父長制を単なるイデオロギーとしてではなく、物質的基

盤に支えられたものとみるのは、ある意味必然でもある。

とりわけ 80 年代以降は、家父長制と資本主義を独立したものと位置づける「二元論」に対して、両者を一体のシステムと捉える「統一論」が台頭し、それぞれの立場のあいだで論争が繰り返されてきた[6]。マルクス主義フェミニズムは、家父長制と資本主義生産様式との関係を問い続けてきたのである。

ここで重要なのは、市場／家族という境界設定の権力性である。「家事労働論争」においては、女性の家事労働の性質から、その「価値」が論じられていた。だが、クリスティーヌ・デルフィが指摘するように、「交換価値と使用価値の対立が意味をなすのは市場という観点から見る場合だけである」（Delphy 1984: 16=1996: 3）。たとえば、家庭内での女性による洗濯や育児は不払い労働であるが、同じことをクリーニング屋や保育園が行うと対価が支払われる。女性の再生産労働は、その性質ゆえに交換価値がないから不払い労働なのではなく、不払いだから交換価値がないとみなされるのだ。

このようにマルクス主義フェミニズムは、公共領域／家内領域という恣意的区分のジェンダー規定性を明らかにしたのである。

2-2. マルクス主義フェミニズム理論の陥穽

マルクス主義フェミニズムによって、性支配を社会構造と関連づけて把握することが可能となった。とくに労働市場の「外部」としての家族領域と、そこでの女性の不払い労働に着目した点は重要である。

しかし、マルクス主義フェミニズムが物質的側面を強調しすぎていることを、改めて指摘しておかなければならない。マルクス主義フェミニズムにおいては、ジェンダーの問題が、もっぱら「政治経済的な区分」（Fraser 1995: 78=2001: 112）として語られる。つまり性差別が、ナンシー・フレイザーのいう「分配の政治」に還元されてしまっているのである。家父長制の「物質的基盤」に目を向けることは、マルクス主義フェミニズムの特徴であり独自性であるが、それはまた限界でもあったのだ。したがって、マルクス主義フェ

ミニズムの成果を最大限ふまえつつ、その限界をいかに乗り越えていくかが課題となる。

ロイス・マクネイは、いわゆる「言語論的転回」以降のフェミニズムが、「言説の政治性」のみを扱ってきたことを批判しているが、他方でマルクス主義フェミニズムの理論的欠点についても指摘する。

> 唯物論的フェミニズムの弱点は、経済・政治・社会的な排除の構造におかれた強調ゆえに、ある種の決定論的分析に陥り、こうした構造的諸力が主体形成やエイジェンシーのレベルを通していかに作動しているのかについての理解を欠落させたことにある。(McNay 2000: 16)

つまり、「政治・経済・社会的」構造という物質的側面と、「主体形成やエイジェンシー」の象徴的側面との関係が問われているのだ。

また、ローズマリー・ヘネシーは、「ある文化のなかでの利用可能な知識の外側から、主体性が構築される様式に特段の注意を払ってきた」(Hennessy 1993: 37) ものとして、「唯物論的フェミニズム」の再評価を行っている。唯物論的フェミニズムをより直接的に支持している点では、マクネイとは異なるが、彼女もまた、「フェミニズム自身の主体性をめぐっては、こうした主体性〔の理論化〕への関心が追いやられてしまった」(Hennessy 1993: 37) と述べている。ヘネシーにおいても、「主体性の言説的構築」(Hennessy 1993: xiii) の概念化が重要とされるのである。

もちろん、ここでの「主体形成」「主体性」とは、フェミニズムの文脈では、性的主体（化）を意味する。マルクス主義フェミニズムが「フェミニズム」の「理論」である以上、「性」をいかに「理論化」するのかという論点に立ち向かわなければならない。

吉澤夏子は、「ラディカル・フェミニズムを乗り越えたはずのマルクス主義フェミニズムにおいて、ラディカル・フェミニズムがどのような位置づ

けをなされているのか」(吉澤 1993: 99) 不明確であるという。吉澤によれば、ラディカル・フェミニズムの主張は、次の2点に要約できる。

　　［第一の主張］　男性と女性の関係とは、おおよそすべて性交（インターコース）を伴う性関係またはその変種である
　　［第二の主張］　性関係はすべて性差別である

（吉澤 1993: 106）

　第一の主張は、男性が女性を「女性として」みること自体が、すでに性関係であることを意味する。第二の主張は、「男性と女性が性的に関係している以上、それはすべて差別的な関係である」（吉澤 1993: 107) というものだ[7]。そして、「ある人を男性／女性であると認識するときに作動している区別の形式」（吉澤 1997: 5）は、「ジェンダーのもっとも基底的な層を成しており、あらゆるコミュニケーションに先行して機能している」（吉澤 1997: 11）。
　ここから、「女性は女性だから差別される」（吉澤 1993: 89）という「徹底したペシミズム」（吉澤 1993: 91）が導かれる。ラディカル・フェミニズムが示してきたのは、「女性差別の根源は、制度ではなく性（女性であることそのもの）にある」（吉澤 1993: 86）ということなのだ。
　そもそも、「きわめて個人的な性愛関係」（吉澤 1993: 86）のなかに権力を発見したことが、第二波フェミニズムの意義であった。「個人的なことは政治的である」とは、まさにこうした状況に関わっている（cf. 吉澤 1997: 41-2）。しかしマルクス主義フェミニズムは、性差別の原因を再び「制度」に求めたため、「性愛」を後景に追いやってしまったのだという。

　　〔マルクス主義フェミニズムにおいては〕性差別の根源が、すべて性別役割分業に還元できるのかどうか、という大問題が残されたままである。そして、この問題に対して、「女であること」の根源性を対峙させ

たのが、ラディカル・フェミニズムだったのではないか。(吉澤 1993: 99)

　したがって、私たちが女／男であることそれ自体(「個人的なこと」)の「政治性」にまで遡らなければならない。また「個人的な性愛関係」に権力を見出すならば、その背後にある異性愛規範をも問い直すべきだろう。ジュディス・バトラーも、「異性愛制度」と「二元的なジェンダー」の相互規定性を指摘しているが (Butler 1990: 22=1999: 55)、ラディカル・フェミニズムにおいても、セクシュアリティは主要なテーマとされてきた[8]。一方、クリスティーヌ・リディオーフによれば、ハイジ・ハートマンなどの一部の例外を除き、マルクス主義フェミニズムは、セクシュアリティの問題を扱ってこなかった。それは、「経済問題への社会主義的な歴史観を強調したため」(Riddiough 1981: 73) だという。

　このことは、ラディカル・フェミニズムへの単なる回帰を意味しない。ラディカル・フェミニズムは、ときに男女の身体的性差や、個人の性的指向を本質化する傾向にあった[9]。だが性支配を論じるにあたって、ジェンダー・カテゴリーやセクシュアル・アイデンティティを所与とすることはできない。そして、こうした性的アイデンティティのあり方を、マルクス主義フェミニズムが焦点化した社会構造のなかに再び位置づけていくことも、「物質」と「象徴」の関係を見通すために不可欠な作業である。

　それゆえ次節では、性的アイデンティティと、社会空間としての公私二元論との関係を論じていこう。とくに、「主体」「(非) 主体」の立体的配置という観点から、「物質」と「象徴」の重層的な関係を明らかにする。

3. 公私二元論と性的主体化
3-1.「(非) 主体」としての女性
　「(非) 主体」という語は、もともとバトラーの議論では、「同性愛者」のアイデンティティのあり方を論じるためのものであった。だが、「(非) 主体」

を規範的「主体」にとっての「構造的他者」とするのであれば、いかなる存在を「(非) 主体」とみなしうるかは、あくまで文脈依存的となる。「異性愛」の「女性」もまた、「男性」との関係においては「構造的他者」といえる。

リュス・イリガライによれば、「女性的なるもの the feminine」は、ファロゴセントリズムの秩序から排除されている。そのため、「女性的なるもの」は理解可能なものとしては表象されえない。

> 《彼女》は自己の内部で無限に（不定形に）他者である。だから、おそらく、気まぐれで、不可解で、落ち着きなく、移り気……だと言われるのだ。彼女の言語を想起するまでもなく。その言語の中では、《彼女》はあらゆる意味（方向）に向かうので、《彼》にはどんな意味の一貫性も見つけられない。理性の論理にとっては少々狂気じみた矛盾した言葉、既成の解読格子や予め準備したコードによって聴く者には聴取不可能の言葉。(Irigaray 1977: 28=1987: 31〔……は原文〕)

イリガライのいう「彼女」すなわち「女性的なるもの」は、しばしば、そのユートピア性が賞賛されてきた (e.g. 大越 1999: 168)。イリガライに代表される精神分析派フェミニズムにおいて、「女性」は男性支配の領域たる「象徴界」の「外部」（たとえば「想像界」）におかれている。だが、バトラーがジュリア・クリステヴァを批判して述べるように、「父の法のかなたにある快楽は、不可避の不可能性として想定されているだけである」(Butler 1990: 88=1999: 163)。言語の外部といわれるものも、言語によって措定されている。私たちは、ファロゴセントリズムの完全なる「外部」に立つことはできない。「女性」の「《他者性》は、男の主体を裏側から手を貸して作りあげているものにすぎ」ないのだ (Butler 1990: 103=1999: 187)。

この点、赤川学は、ポルノグラフィの表象と主体化をめぐる問題を考察するなかで、次のように述べている。

フーコーが発見した「主体」は「男はみる主体、女はみられる客体」のように、どちらか一方が能動的な権力者で他方が受動的な従属者であるという意味ではない。むしろある知の客体であることによってのみ主体であることが認証されるような「主体＝隷属体」である。思うに一部のフェミニズムがいう「みる主体」や「みられる客体」という現象そのものが可能になるためにはより根源的な「主体化」——徹底的にみられる存在であることの帰結としての「内面」の具備——が必要だ。(赤川 1996: 134)

つまり、主体化の装置としてポルノグラフィを捉えるとすれば、女性は「みられる客体」として「主体化」されるといえるのである。「みられる存在」もまた、主体化の外部にはいない。もちろん、「みる主体」たる「男」が、そのような主体であるためには、「みられる主体」たる「女」を必要とする。

このことは、ポルノグラフィの表象空間に限定されるものではない。社会一般のジェンダー関係が、ポルノグラフィにおいて、いわばデフォルメされた形で示されている。「男」の主体化と「女」の主体化は、一方が他方を必要とするが、両者は決して水平的な関係にはない。キャサリン・A. マッキノンが、ジェンダーを「差異ではなく、支配の問題」(Mackinnon 1987: 51=1993: 83) だというように、そこには非対称性が存在する。

すなわち「女性」は、「男性」の「主体」を支える構成的外部であり、それゆえ存在を無視され、あるいは曖昧に表象されてきたのである。それは決して、「主体ならざるもの」ではなく、まさに「男性」との関係における「(非)主体」なのだ。そしてこの関係を、(「男性」が担うとされる) 公的領域が、(「女性」が担うとされる) 家内領域を「外部として」必要とすることと重ね合わせて考えられるだろう。

もっとも本書では、「(非) 主体」を、社会空間上の位置を与えられない存

在と解釈してきた。一方、マルクス主義フェミニズムは、近代社会における性差別を、「男」「女」の社会空間上の配置として論じている。つまりマルクス主義フェミニズムに従えば、女性は社会空間に組み込まれているといえる。

だが、社会空間上の位置を与えられる／与えられない、という評価自体が、そもそも相対的なものだ。女性の家事労働が物質的・経済的問題として扱われるには、マルクス主義フェミニズムの指摘を待たなくてはならなかった。女性の再生産労働は、労働市場に位置づけられていないがゆえに、かつては「搾取」という観点からの検討に付されることはなかったのである[10]。

> マルクス主義は近代産業社会の抑圧の構造の解明にはすぐれた分析力を発揮したが、「市場」の及ぶ範囲がまたマルクス理論の限界でもあった。「市場」を「市民社会」と同一視すれば、「市場」の外には「社会」はないことになるが、実は「市場」の外には市場原理の及ばない「家族」という領域があって、そこへ労働力を供給していた。近代が社会領域 social sphere を公／私に分割したあと、私領域についての研究は、「自然」や「本能」の名のもとに、手つかずに残されてきた。（上野 [1990] 2009: 7）

しかし今日、私的領域たる「家族」が、「公的領域」の外部にありながら「公的領域」を支えていることが明らかとなっている。つまり「女性」は、公的領域に組み込まれていないが、そのことによって逆説的に、公的領域の構成に関わっているのである。

興味深いことにイリガライも、マルクスの価値形態論を読み替え、「交換の——欲望の——体制は、男の取り扱う問題である」（Irigaray 1977: 173=1987: 232）という。イリガライにとって、「交換は男性主体間で行われる」（Irigaray 1977: 173=1987: 232）[11]。市場における女性の不在と、「理性」「既成の解読格子」（Irigaray 1977: 28=1987: 31）からの排除がパラレルに論じられるのだ。

このように、「女性」は、「男性」の言説的主体化の構造的外部であるから、

「不定形な他者」「みられる客体」として表象される。同時に、私的領域における「女性」の再生産労働は、公的領域における「男性」の経済活動を背後から支えている。

フレイザーは、ジェンダーにまつわる不公正について「文化と経済の従属の悪循環」(Fraser 1995: 79=2001: 113) を指摘し、「ジェンダーの不公正を是正するためには、政治経済と文化の両方を変える必要がある」(Fraser 1995: 79=2001: 113) と述べていた。たしかに、この主張は正当ではある。だが、分配／承認という区分にこだわる彼女の議論を考慮するとき、それは無意味な言明のように思える。そもそも、「政治経済」を変えずに「文化」を変えることも、「文化」を変えずに「政治経済」を変えることも、理論的には不可能なのだ。

3-2. ジェンダーとセクシュアリティの交差

さて、女性を「(非) 主体」とみなすことで、性差別における物質と象徴の関係を論じることができた。一方、第3章では、異性愛主義における主体のあり方を考察した。つまり、「(非) 主体」としての「同性愛者」は、「異性愛者」の言説的主体化にとっての構造的他者であり、そうであることによって、異性愛を前提にした性別分業にもとづく社会空間、すなわち社会経済構造の機制を条件づけているのだ。だが、さらに議論を進める必要がある。「女性」が「男性」にとっての「(非) 主体」であるならば、ジェンダーとセクシュアリティの交差にも目を向けなければならない。

ジョン・デミリオは、ゲイ・アイデンティティの社会的構築性を、歴史的プロセスのなかで明らかにしている。近代以前、家族は自給自足の生産単位であった。しかし20世紀初頭までに、「家族は、労働と生産を中心とする公共的世界からはっきりと区別され分離された『個人生活の場』となった」(D'Emilio 1983: 103=1997: 149)。つまりは、公私の分離によって近代家族が誕生する。「家族を基盤とした家内経済から十分に発達した資本主義の自由労

働システムへのこの移行」(D'Emilio 1983: 103=1997: 148) は、個人を生産単位であった親族集団から解放することになり、これがゲイ・アイデンティティの成立の条件をなしている。

　　　イデオロギー的には、異性愛の性的表現は親密性の確立、幸福の増進、快楽の経験の手段になった。家庭から経済的独立性を奪い、生殖と性との分離を促進することにより、資本主義は一部の男たちや女たちが同性への性愛的／情緒的関心をもとに個人生活をつくりあげていくことを可能にする諸条件を創出した。(D'Emilio 1983: 104=1997: 149)

　しかし、「同性間での性行動は、同性愛者のアイデンティティとは異なる」(D'Emilio 1983: 104=1997: 149)。ゲイ・アイデンティティの成立には、「自分の性的な選好 preference をひとつの生き方にまで作りあげること」(D'Emilio 1983: 104=1997: 150) が不可欠となる。そのためには、「ゲイ／レズビアンの存在を許容する『社会空間 social space』」(D'Emilio 1983: 104=1997: 149) が存在しなければならない。あるいは、個人のアイデンティティを「物語」とみなすのであれば、そのような物語を相互に共有できるような「解釈共同体」(Plummer 1995=1998) が必要となるといってもよい。20世紀初頭、大都市には同性愛者のためのバー、ハッテンバとして使える公園など、コミュニティが形成される。これらが、「解釈共同体」として機能したのである。そして、こうしたコミュニティは、「ストーン・ウォール事件」[12]を始めとする政治的運動の基盤となる (Connell 1987: 275-6=1993: 381-2)。

　このように、ゲイ・アイデンティティの成立を可能にする社会的条件を作り出したのは、「資本主義の自由労働システム」(D'Emilio 1983: 102=1997: 147) である。したがって、近代化こそが、ゲイという「主体」を成立させたのであり、この限りにおいてゲイは、社会構造上の位置を与えられたということができよう。

他方で、デミリオが焦点を当てた男性同性愛者とは異なり、レズビアンは長いあいだ、不可視の存在であった。19世紀の後半までには「ホモセクシュアリティ」という用語が、男性同性愛を意味するものとして使われるようになるが (Foucault 1976: 59=1986: 55)、「レズビアンのグループは、依然として未発達であった」(Weeks 2009: 86)。

竹村和子によれば、とくにレズビアンの場合、「桎梏」となるのは、「デミリオが言うような資本主義以前の自給自足的な家父長的家族ではなく、資本主義体制下の中産市民階級の核家族と捉えなければならない」(竹村 2002: 57)。なぜなら、「男の場合は、性欲望を有する〈主体〉が構築されているので、家庭の拘束からぬけでる社会的・経済的条件が整いさえすればよい」が、「女の場合は、……中産市民階級の性倫理――それによって〈他者〉として表象不可能とされている女の欲望（欲望不在）――も否定するという、二重のプロセスを経過しなければならないからである」(竹村 2002: 57-8)。

近代家族の成立は、男性にとっては、生産単位としての親族集団から（相対的に）解放されることを意味した。しかし、女性にとっては、この意味はまったく異なってくるのだ。近代家族は、女性を家庭内の再生産労働に押し込めるのである。したがって、男性同性愛者に比べて、レズビアンがコミュニティを形成するのは困難であった。

レズビアンの不可視性は、ホモフォビアのみならずミソジニーにも、もとづいている。バトラーも、「同性愛者」一般の不可視性を指摘するのに先立って、ゲイとレズビアンの非対称性に言及していた。「ゲイ」は、しばしば「禁止の対象」として存在するが、多くの場合、「レズビアン」は存在自体を無視され、「禁止の対象としての資格さえもない」(Butler [1991] 1993: 312=1996: 123-4) という[13]。

近代以降、ゲイは社会経済上の居場所を獲得し始め、自らのアイデンティティや存在を主張し始めた。しかしレズビアンが、そうした権利を獲得するのは、かなり遅れてのことだった。

レズビアンは歴史的に、男の同性愛の女性版として「包括」されることで、一つの政治的存在たりえなくさせられてきた。レズビアン存在も男の同性愛もそれぞれに逸脱の烙印を押されているがゆえに等しいとしてしまうことは、またしても女のリアリティを抹殺することなのだ。明らかにレズビアン存在の歴史には、レズビアンが凝縮性のある女の共同体をもてないままに、同性愛の男と一種の社交生活と共通の主張を分かちあってきたという部分が、あることはある。だが、そこにはちがいがある。女は男にくらべて経済的・文化的特権をもたないというちがい。(Rich [1980] 1986: 52-3=1989: 88-9)

　したがってレズビアンは、ゲイとの関係において「(非) 主体」とみなすことができる。もちろん、このことは、ゲイに対する差別・抑圧の存在を否定するものではない。これまでみてきたように、近代家族はホモフォビアhomophobiaを導くのである。「イデオロギー的に、資本主義は人々を異性愛の家族へと追いやる」(D'Emilio 1983: 109=1997: 153)。そもそも、「同性愛者」というカテゴリーは、近代家族内部の「正しい」セクシュアリティを成り立たせるために、その外部に、「異常な」セクシュアリティとして作り出されたものであった。つまり近代社会は、ゲイ・アイデンティティの成立を可能にする条件を整えながらも、同時にそれを否定しようとするのである。近代は、それを否定するために「同性愛者」というカテゴリーを構築したからである[14]。

　このように主体／(非) 主体の関係は決して一義的なものではなく、物質／文化の関係もまた相対的なのである。

4.「物質的基盤」再考
4-1. 家父長制と性的主体化

　前節までは、フレイザーにおける物質／文化の二元論を批判しつつ、性差別や異性愛主義の物質性を考察してきた。また、差別・抑圧を論じるにあたって、主体のカテゴリーを所与とすべきではないことを主張した。だが、同じくフレイザーを批判するバトラーが、（彼女にしてはめずらしく）異性愛主義の物質的側面を強調する際に（Butler 1998: 41=1999: 235）、不適切にも「レズビアン」「ゲイ」というカテゴリーが先行してしまう。あるいは、「文化的承認を経済的・政治的正義の手段と理解すべき」（Young 1997: 148）と述べるアイリス・M. ヤングにおいて、「集団の差異」（Young 1990: 191）は前提となっている。文化を物質に還元することの誤りといってよいだろう[15]。

　これに対して本書は、「象徴的なるもの the symbolic」の次元を徹底的に重視している。では、このような立場から、制度の物質性をどのように把握すべきだろうか。家父長制の「物質的基盤」に焦点を当て、改めてこの問題を考えたい。

> 　マルクス主義フェミニズムの「家父長制」概念の核心には、この「性支配」には「物質的基礎 material basis」があるという認識がある。これこそが、ラディカル・フェミニズムの心理主義的・イデオロギー的な「家父長制」観を超えるものであり、マルクス主義フェミニズムが唯物論的分析である理由である。（上野 [1990] 2009: 72）

　マルクス主義フェミニズムにおいては、物質／文化という二元論が採用され、性支配が前者に還元されている。そのためこれまでも、マルクス主義フェミニズムに対しては、下部構造決定論であるとの批判がなされてきた（e.g. 江原 1991, 1995）。すなわち、物質と文化のどちらが規定要因なのか、あるいは相互規定的なのかといった点が問われているのである。しかしそうした議

論においては、結局、物質／文化という二元論自体は維持されてきたように思われる。そこで、物質／文化の相互還元不可能性について、「主体」の位置づけ方に注目して検討する[16]。

エルネスト・ラクラウは、マルクス主義理論の脱構築を試みている[17]。伝統的なマルクス解釈において、革命主体は、生産関係における客観的位置によって規定される。しかしラクラウによれば、革命主体は、階級闘争に先立っては存在しえない。階級闘争が、革命主体を産出するのだ。とくにラクラウは、アントニオ・グラムシ以来の「ヘゲモニー」概念を取り上げる。グラムシにおいて、「ヘゲモニー」とは、政治的指導者による一方的な支配のみでなく、文化的・倫理的な合意を含むものとされる。グラムシの議論は、階級横断的で、かつ多元的な価値の共有へと開かれている。とはいえ、ラクラウによれば、グラムシにあっては「『集団的意志』の最終的な階級的核心」が、ヘゲモニーの基盤とされている(Laclau and Mouffe 1985: 138=1992: 219)。しかし、「〔政治〕主体をすでに保証されてしまっている」と考えるのは誤りである(Laclau and Mouffe 1985: 141=1992: 223)。それゆえラクラウは、政治主体を構成する闘争として、「ヘゲモニー」概念を再定義する。

　　〔革命や社会運動を担う〕自律化する諸主体あるいは社会諸勢力のアイデンティティが、まったく構成されきっているのであれば、問題はただ、自律性という言葉でしか提起されないであろう。しかしながら、これらのアイデンティティが、なんらかの社会的・政治的な実在条件に依存するのであれば、自律性そのものよりも、より広範なヘゲモニー闘争のなかでのみ、擁護され拡張されうるのである。(Laclau and Mouffe 1985: 140-1=1992: 223)

そして、ヘゲモニーによって、言説編成としての社会が立ち現れるという[18]。こうして、「主体」カテゴリーの本質性と、基礎定立的社会観がともに斥け

られる。
　ラクラウによるマルクス主義への内在的批判は、同様にマルクス主義を批判することで成立してきたマルクス主義フェミニズムにも、そのまま妥当するといえよう。
　マルクス主義フェミニズムにおいて、家父長制の「物質的基盤」は、たとえば「最も基本的には、男性による女性の労働力の支配」(Hartman [1979] 1981: 15=1991: 49)、「女性の労働を搾取すること」(Sokoloff 1980: 154=1987: 199)、「家事労働という不払い労働の家長男性による領有と、したがって女性の労働からの自己疎外という事実」(上野 [1990] 2009: 82-3) として概念化される。だが、そもそも「家父長制」が「男性による女性の労働力の支配」を基盤としているのではなく、「男性による女性の労働力の支配」を可能にするものこそが「家父長制」だといえないだろうか。さらに、性支配の「原因」として設定されたはずの家父長制の「物質的基盤」において、予め男／女という主体が想定されている。そのうえで、男女間における資源や権力配分の非対称性（のみ）が議論されているのである。しかしながら、性別カテゴリーは、言説以前に客観的に存在するものではない。つまり、性別を基準に資源や権力が割り当てられるのではなく、これらの配分に関する規範や、非対称的な配分自体ゆえに、性別が有意味なものとなるのだ。
　ラクラウの指摘をふまえれば、性支配のあり方は、特定の基礎原理から派生するものとしてではなく、むしろ、権力の重層的関係のなかで考察されるべきであろう。そして、そうした権力関係が、性的主体を産出するのである。「性の規制とはつまり主体の生産の一様式にほかならない」(Butler 1998: 44=1999: 238)。
　すでにみたように、フェミニストとしてのバトラーは、「女」というカテゴリーに依拠した「解放」の戦略を批判していた。彼女によれば、「人は名づけられることによって、いわば社会的な場所と時間のなかに導かれる」(Butler 1997a: 29=2004: 46) が、このとき社会的位置、すなわち主体の配置と

しての社会もパフォーマティヴに構築される。

　「位置 position」は単なる空間的な場所 location ではなく、むしろ時間的に産出された効果であるから、反復の論理への従属であり、再アーティキュレーションの不安定な様式に依存する。(Butler 1999b: 125)

　主体化と社会の構築とのあいだには、つねにコンフリクトを含みつつも、同一の機制が働いている。とすれば、予め主体化された存在である「男」「女」が、社会空間上の公的領域と私的領域とに配置されるのではなく、公的領域を担う「男」と私的領域を担う「女」という主体のパフォーマティヴな構築を通じて、公私に分離した社会空間もまた産出されると考えるべきである。それゆえ、フレイザーのいう「分配」の問題も、現象としては、すでにカテゴリー化されている主体間の財の不平等配分であるが、理論的には、財を非対称的に配分するような空間的位置に各主体が「呼びかけ」られた結果なのだ。したがって、家父長制の「物質的基盤」と呼ばれてきたものは、主体の外部に位置し、それを一方的に拘束しているものではなく、各主体の空間的配置それ自体と捉えるべきである。そして、主体化とその空間的配置が同時的なものだから、ここにおいて、物質／文化の二元論も無効化される。

4-2. 社会制度における「物質」と「象徴」

　家父長制が性支配を説明するための概念であるならば、性的主体化のメカニズムとして、それを理解しなければならない。私たちが「物質」的不平等として認識する現象を成り立たせているのも、あくまで言説的主体化なのだ。
　もっとも、「文化」「物質」という区分が必ずしも不可能であるというわけではない。たしかに、特定の差別・抑圧を、文化的誤認あるいは物質的搾取の一方に還元して理解するのは誤りである。しかし私たちは、たとえば性差別や異性愛主義といった特定の現象について、その「文化的」側面と「物質的」

側面を、それぞれ語ることができる。フレイザーを批判するバトラーが、異性愛主義の「物質的」側面に言及するときにも、「文化」と区別される「物質的」なるものが想定されている。そもそも、「物質的結果と不可分の文化規範」(Butler 1998: 41=1999: 235) というバトラーの言明が意味をもつには、「物質的結果」と「文化規範」との概念的区別がその前提になければならない。そのうえで、「物質」と「文化」が、どのように「不可分」なのかを明確化することが課題となる。

　これに関してもラクラウの理論は、手がかりを与えてくれる。ラクラウが「ヘゲモニー」概念の再定義によって強調したのは、主体化が言説的なものだということであった。そして主体位置を決定する実践が、「アーティキュレーション」と呼ばれる[19]。ラクラウにとって、社会とは言説編成であるから、アーティキュレーションは社会編成の原理でもある。だが、アーティキュレーションによる「意味の究極的な固定化は不可能」である (Laclau and Mouffe 1985: 112=1992: 180)。ポスト構造主義的な言語観を採用するラクラウは、言語を閉鎖的・完結的なシステムとしてではなく、「意味の余剰」「意味の複数性」にさらされた不安定なものだと考えるのだ。だからこそ、既存の秩序を転覆する可能性も見出せることになる。ラクラウは、それを「敵対性 antagonism」という言葉で説明する。「敵対性は、……社会がみずからを完全に構成することの不可能性を構成している」(Laclau and Mouffe 1985: 125=1992: 200)。

　　すべての全体性の不完全な性格は、必然的に、縫合され自己規定的な全体性としての「社会」という前提を、分析領野としては放棄するよう、私たちを導く。(Laclau and Mouffe 1985: 111=1992: 178)

　ここで第一義的に示されているのは、意味の「最終的縫合の不可能性」ゆえに、社会はつねに他の可能性に開かれているということだ。しかし、私た

ちがラクラウの議論から読み取るべきなのは、社会の（時間的）変容のみではない。

ラクラウは、「言説的全体性は、単なる所与で画定された実定性という形態では、決して存在しない」と述べ、あるいは「『社会』を可知的で客観的な総体だと認める」ことを否定しているが（Laclau and Mouffe 1985: 110／126＝1992: 177-8／201）、こうした視点は、スラヴォイ・ジジェクとの議論を経て、より先鋭化される。ジジェクは、ラクラウが「主体」を「言説構造の内部での『主体位置』」（Laclau and Mouffe 1985: 115＝1992: 185）とみなすことを批判する。ラカン派精神分析に依拠するジジェクによれば、「あらゆるアイデンティティは、それ自体すでに遮られ、不可能性を運命づけられている」（Žižek 1990: 252）。ジジェクにとって、主体が必然的に有している不完全性こそが、敵対性を可能にするのである。だがラクラウのように、主体を「言説内」の「位置」とみなしてしまうと、「敵対性のラディカルな次元」が見落とされる（Žižek 1990: 251）。かかる指摘を受け[20]、ラクラウも次のように述べている。

> 主体位置の問題は、極めて安易に構造主義的言説に回収されてしまう。なぜなら、主体位置とは構造内部の客観的位置であり、なすべきことは、構造を包括的全体として記述することである、と言いうるからだ。……そこで今日、私は、主体と、こうした意味での主体位置とを区別する。
> （Worsham and Olson 1999: 157）

かくして、言説編成たる「社会」を「包括的全体として記述すること」が否定される。主体の非本質性を理論的に徹底していくと、（ある一時点においてであっても）「社会」は境界画定不可能なものであるとの認識にいたるのだ。つまり、社会の内部／外部は一義的には決定できないことになる。ラクラウは、自らのヘゲモニー論について、「世界で起こっていることの中立的な記述」ではないと述べているが（Butler et al. 2000: 80＝2002: 110）、パフォー

マティヴィティの理論をふまえるなら、社会を「語る」こともまた、社会の境界を暫定的に指し示すヘゲモニー実践というべきだろう。

　このことはまた、物質／象徴の関係と重ねて考えることができる。古典マルクス主義においては、生産関係における階級的位置によって「資本家」「労働者」という主体が定義される。マルクスが設定する「社会」内部での主体の位置によって、物質的不平等が論じられるのだ。

　しかし女性の家事・育児は、労働市場の外部にあるために、物質的搾取の対象とはみなされてこなかった。女性差別は、(明示的か否かは別としても)文化的なものとされてきたのである。もちろん本書の立場からすれば、「女性」は「男性」の主体化を支える構成的外部といえるから、女性もまた、社会経済構造と無関係ではない。とはいえ女性は、マルクス主義の想定する「社会」には存在しえない。これに対し、マルクス主義フェミニズムは、「家族」という領域もまた「社会」であることを発見し、女性抑圧の物質的基盤を指摘した。家族／市場という公私二元論において、女性／男性がそれぞれ配置されていることになる。「社会」の範囲が、パフォーマティヴに拡大されたのである。

　一方、社会空間上の公私二元論において居場所を与えられないのが、非異性愛者である。そのため非異性愛者は、しばしば不可視な存在であった。この意味で、異性愛主義は文化の問題とみなすことができる。しかし非異性愛者は、異性愛的主体の構成的外部であることによって、社会の物質性を支えている。つまり、象徴レベルでの言説的主体化は、社会の物質的側面と不可分なのだ。また当然ながら、非異性愛者は、現実の社会空間に存在している。デミリオが論じたように、近代資本主義の発達は、ゲイ・アイデンティティの条件となる社会空間を構築したのである。

　そしてさらに、ゲイとレズビアンのあいだにも非対称性がある。ゲイ・コミュニティに比べて、レズビアン・コミュニティの成熟は、時代的にやや遅れたものであった。それゆえレズビアンは、ゲイ以上に不可視な存在であっ

た。とはいえ、レズビアンが、社会に存在しないわけでも、物質的搾取から自由であるわけでもない。むしろ彼女たちは、非異性愛者であることと、女性であることの二重の搾取を被っているともいえよう。

このように、資本家／労働者、男／女、異性愛者／非異性愛者、ゲイ／レズビアンという主体／(非) 主体関係が、折り重なるように社会の内部／外部の境界を暫定的に定義しているのである。そして、社会の内部／外部の境界画定不可能性が、差別・抑圧についての物質／象徴関係の相互還元不可能性を示すのだ。

5. おわりに

本章では、主体／(非) 主体の関係性に着目して、マルクス主義フェミニズム理論の再検討を試みた。とりわけ、言説的主体化と制度の物質性の関係の理論化が、本章の主要なテーマであった。

近代社会は公的領域を成り立たせるために、私的領域を必要とする。それは、再生産領域としての家族や、人格的内面としてのセクシュアリティである。社会空間としての公私の分離は、「男」という主体と「女」という主体、「正しい」セクシュアリティと「間違った」セクシュアリティ、主体と (非) 主体といった境界を定義づけながら、それぞれの性的主体を位置づける。それは同時に、それぞれの主体のパフォーマティヴな構築によって社会空間が産出される過程でもある。

こうした考察にもとづくと、マルクス主義フェミニズムが家父長制の「物質的基盤」と呼んできたものは、主体の外部に存在する基礎原理ではなく、各主体の空間的配置それ自体ということができる。そして、主体／(非) 主体の関係が相対的であることと対応して、物質／文化の関係も文脈依存的なのだ。

では、家父長制構造や主体化を以上のように把握するとき、既存の社会制度への批判的介入、すなわち主体および社会空間の脱構築は、いかにして可

能となるのだろうか。あるいは、そうした批判的実践たる脱構築について、いかなる記述がありうるのだろうか。第Ⅲ部では、これらについて検討したい。

【注】
(1) 本章は、大貫挙学（2013）に大幅な加筆修正を施したものである。
(2) 上野千鶴子によれば、「マルクス主義フェミニストは、女マルクス主義者でもなければ、フェミニスト・マルクス主義者でもない」（上野 [1990] 2009: 34-5）。
(3) 日本における「（第1次・2次）主婦論争」は、こうした議論に先立つものとして評価しうる（cf. 上野編 1982）。
(4) マルクス主義フェミニスト（上野 [1990] 2009: 24）がしばしば引用する『資本論』の次のフレーズは、このことを端的に示している。「労働者階級の不断の維持と再生産とは、依然として資本の再生産のための恒常的条件である。資本家は、この条件の充足を、安んじて労働者の自己保存本能と生殖本能とにまかせておくことができる」（Marx [1890] 1953(1): 600=1969(3): 112）。
(5) とくに社会学においては、マックス・ウェーバーが、伝統的支配の類型として「家父長制 patriarchalismus」をあげている（Weber 1956: 133=1970: 44）。そのためフェミニズムの「家父長制」概念は、ウェーバーの議論を無視したものとして、多くの批判を受けてきた。たとえば富永健一は、次のように述べる。「社会学として例えばマックス・ヴェーバーの『家父長制』『家産制』『封建制』など前近代社会の構造を分析する概念セットに親しんできたものならば、家父長制という語のこのような無神経な使い方には耐え得ない」（富永 2004: 333）。
(6) ハイジ・ハートマン（Hartman [1979] 1981=1991）やクリスティーヌ・デルフィ（Delphy 1984=1996）、ソコロフ（Sokoloff 1980=1987）は、家父長制を、資本制から独立したひとつのシステムと位置づけている。もっとも、相互の関連性についての把握はさまざまである。たとえば、デルフィによれば、家父長制と資本制は「しっかりと連結し、互いに補い、支えあう関係にある」（Delphy 1984: 20=1996: 9）が、ソコロフは、両者のあいだに、調和のみならず矛盾を発見し、これを「弁証法的関係 dialectic relation」と呼んでいる。

一方、アイリス・M. ヤングは、「資本制的家父長制を、女性抑圧を中心的特

質とする単一のシステムとして理解」すべきだという（Young 1981: 44=1991: 82-3）。ヤングと同様に、ヴェロニカ・ビーチは「『二元システム』的アプローチを拒否」（Beechey 1987: 11=1993: 12）し、リース・ボーゲルも「女性抑圧を説明する統一理論」（Vogel 1981: 210=1991: 186）の必要性を訴える。また、マリア・ミースらによる「サブシステンス生産」アプローチも、「統一理論」に属するものといえよう。ミースらは、イマニュエル・ウォーラーステインの世界システム論を手がかりとして、女性を、第三世界や自然と同様、資本蓄積のための「植民地」だと論じる（Mies 1986a=1997; Mies et al. 1988=1995）。ミースによれば、女性による「生命の生産のための労働」すなわち「サブシステンス生産」（Mies [1986b] 1988: 70=1995: 143）は資本の蓄積にとって不可欠であるから、資本主義は必然的に家父長制的である。

　この論争の経緯を追うことは、本書の課題ではないが、ここで筆者の立場を簡単に述べておきたい。そもそも、フェミニズム理論において重要なのは、「性」に関わるカテゴリーの構築や、それをめぐる不公正を論じることであろう。そこで、階級支配とは別に、性支配それ自体を問題化するために、「家父長制」概念が導入されたのである。そのように考えると、ヤングらによる統一理論の提唱が不適切であることは明らかである。ヤングは「資本制下では、人種や国民性もその社会に存在する限りその〔不平等な資源配分の〕基準として機能するが、性による区分はつねに最も明白で永続的なものである」（Young 1981: 58=1991: 99）と述べている。だが、この「性による区分」こそが、「家父長制」概念によって説明されるべき事象なのである。またミースらのように、男女の分業を「身体経験」の非対称性に求めれば（esp. Mies [1986b] 1988: 76=1995: 156）、それはフェミニズムがかつて否定した生物学的決定論に陥ってしまうだろう。

　もっとも、本書において重要なのは、資本主義それ自体が性差別的か否かということではない。それは結局、「資本主義」や「家父長制」についての操作的定義に依存するものでしかない。むしろ、ロバート・W. コンネルのいう外部理論と内部理論の対立として考えるべきだろう。前者は、「男女間の不平等の原因にかんして、それがジェンダーを外部的・派生的 extrinsic なものとして捉える理論」、後者は、それを「内部的・内在的 intrinsic なものとして捉える理論である」（Connell 1987: 41=1993: 85）。当然ながら、性別カテゴリーの言説的構築を強調する本書においては、内部理論が支持される。性支配の

あり方を考える際、それを他のシステムの機能的要請とみるのではなく、性支配内在的に検討しなくてはならないのだ。
(7) 吉澤自身は、最終的に第二の主張を斥けている（吉澤 1993: 第Ⅱ部第 3 章）。この点については、第 6 章 3 節でも若干の検討を加える。
(8) アンドレア・ドゥオーキンは、男女間の「性交 intercourse」に権力を発見しているが（Dworkin 1987=1989）、それはまさに、異性愛文化の「暴力」性を告発したものといえる。またアドリエンヌ・リッチは、レズビアンを排除するような制度を「強制的異性愛」と呼び、これによって男性権力が維持されていると主張する（Rich [1980] 1986=1989）。キャサリン・A. マッキノンも、「セクシュアリティはジェンダーの中心的ダイナミズム」（Mackinnon 1994: 39=1995: 78）だと述べる。
(9) シュラミス・ファイアストーンは、家父長制の起源を「両性の生殖機能の相違」に見出し（Firestone 1970: 8=1972: 14）、その根絶のためには人工生殖の技術が必要だという。またリッチが次のように述べるとき、「女性」「レズビアン」であることの共通性がアプリオリに想定されている。「すべての女性は……レズビアン連続体 lesbian continuum によって存在を支えられているのだともし考えるならば、私たちは自分をレズビアンとして同定しようとしまいと、この連続体を出入りしつつ動いている自分を見ることができる」（Rich [1980] 1986: 54=1989: 91）。

なおリッチは、「レズビアン連続体」および「レズビアン存在 lesbian existence」を次のように定義する。「レズビアン存在というのは、レズビアンたちの歴史的存在という事実と、そういう存在の意味を私たちがたえずつくりつづけているその創造との両方をさしている。レズビアン連続体という用語には、女への自己同定の経験の大きなひろがり——一人一人の女の生活をつうじ、歴史全体をつらぬくひろがりをふくみこむ意味がこめてあって、たんに女性が他の女性との生殖器的性経験をもち、もしくは意識的にそういう欲望をいだくという事実だけをさしているのではない」（Rich [1980] 1986: 51=1989: 87）。
(10) デルフィは、ある男性運動家の発言に「いらだちを感じた」という。「かれは、女性の抑圧にはプロレタリアの抑圧に匹敵する重要性はないと主張していた。かれによれば、女性は抑圧されているとはいえ『搾取』されてはいないというのである」（Delphy 1984: 15=1996: 2）。

(11) イリガライは、クロード・レヴィ＝ストロースの理論をふまえて、「家父長制」において女性が交換「対象」であるのと同様に、「市場」においても女性は交換の「主体」になりえないことを指摘する。イリガライの議論は、「市場」と「家父長制」をともに「象徴界」のメタファーで語るものであり、「家父長制」を「資本主義」のもとに回収してしまう危険性がある。この点で筆者の立場とは、厳密には相容れない。本書では、「家父長制」と「資本主義」のカップリングのもとで、女性がどのように扱われているのかを論じたものとして、イリガライのテクストをさらに読み替えている。

(12) ニューヨークにあるゲイ・バー「ストーンウォール・イン」は、1969年6月28日の同店に対する警察の弾圧と、それに対する抗議運動をきっかけに、「同性愛」解放にとっての象徴的価値を与えられた。アメリカでは、この事件を記念して毎年6月最終日曜日に、「セクシュアル・マイノリティ」の人たちによるパレードが行われている。パレードの日には、多様なセクシュアリティをもつ／もたない人びとがニューヨークに集まる。

(13) また、ゲイやレズビアンなど非異性愛者について語られる場合でも、バイセクシュアルは、ときにその存在を無視され、ときに同性愛と重ね合わせて理解されてきた。バイセクシュアルは、同性愛でも異性愛でもない"どっちつかずの存在"として軽視されている。ここには性愛の対象についての性別二元論がある（竹村 1997）。

(14) したがって、デミリオの議論（D'Emilio 1983=1997）は、近代資本主義がゲイ・アイデンティティにとって、いかにアンビヴァレントかを記述したものとして、読むことができる。

(15) これらの点については、第3章3節で詳しく論じている。

(16) 日本における上野・江原論争も、「唯物論派」と「文化派」の対立であった（江原 1991; 上野 [1990] 2009）。だが、その当事者であった江原由美子が、「性別を『本質主義的』に把握するのかどうかという論点をめぐる論争でもあった」（江原 1995: 9）と総括していることは、本書にとっても示唆的である。

(17) 井上匡子（1998）も、マルクス主義フェミニズムの「限界」を乗り越える試みとして、ラクラウの理論に注目する。なお、以下でしばしば参照されることになる Laclau and Mouffe (1985=1992) は、ラクラウとシャンタル・ムフの共著であるが、本書では、（他の著作を含めて）ラクラウの議論に焦点を当てる。

(18) ここでいう「言説編成」とは、ミシェル・フーコー『知の考古学』(Foucault 1969=1981: 第Ⅱ章) から導入された概念である。ただし、フーコーが「言説」と「非言説的なもの」を峻別するのに対し、ラクラウはかかる区別を拒否している。ラクラウにとって、「さまざまな位置の示差的で構造化されたシステム」が「言説」であり (Laclau and Mouffe 1985: 108=1992: 175)、そこにはフーコーにとっての「非言説的なもの」も含まれる。

(19) ラクラウは、言説によって関係性が打ち立てられた諸要素 elements を「契機 moments」と呼ぶ。つまり、アーティキュレーションとは「『要素』から『契機』への移行」(Laclau and Mouffe 1985: 110=1992: 178) を意味する。だが、なんらかの実体が言説以前に実在するかのようなラクラウの論理は、いささかミスリーディングといわなければならない。

(20) ジジェクによるラクラウへの批判、およびそれに対するラクラウの応答については、山本 (2009) が簡潔に整理している。また、第6章3節も参照。

第III部

「批判的脱主体化」と「未来」

第5章 「パフォーマティヴィティ」の「時間性」

1. はじめに

　第Ⅱ部においては、主体のパフォーマティヴな構築が、社会空間の成立と同時達成的であることを論じてきた。そして、「主体」と「(非)主体 (un)subject」の関係から、性差別や異性愛主義の社会的機制を考察した。第Ⅲ部では、こうした社会的機制の変容／攪乱のあり方を取り上げる。社会の変容／攪乱は、いかにして可能なのだろうか。あるいは、いかなる理論枠組みで把握できるのだろうか。これらについて、第Ⅰ部で剔出したふたつの他者性のうち「批判的脱主体化 critical desubjectivation」に着目して考察する。

　本章の目的は、ジュディス・バトラーにおける「パフォーマティヴィティ performativity」の「時間性 temporality」を検討し、「批判的脱主体化」の可能性を理論的に示すことにある[1]。そのうえで、「批判的脱主体化」を社会空間のレベルで論じることが、次章の課題となる。

　以下本章では、バトラー／ジジェク論争に立ち戻ることから、議論を始めよう。そこに隠されたもうひとつの論点が、「批判的脱主体化」の契機を考えるにあたって重要だからだ。ラカン派精神分析は、そのファロゴセントリズムゆえに、フェミニズムから批判されてきた。だが、バトラーの指摘はそれにとどまるものではない。彼女の議論は、「現実界」概念の非歴史性を問題にするものと解すことができる（第2節）。そのため次に、バトラーにおける「歴史性」の位置づけを確認する。その際、彼女による言語行為論の再解釈をふまえ、「歴史性」を単なる時間的変化と捉えるべきではないことを

明らかにする（第3節）。最後に、「構造」それ自体が「時間性」を有していること、現在を語ることのなかに「批判的脱主体化」の契機があることを主張する（第4節）。

2.「形式主義」と「歴史主義」
2-1. 偶発性と言語の非完結性

　バトラーは、性別カテゴリーの言説的構築を強調し、言語の外部を想定するような思考を徹底して否定する。かかる基本的立場は、ラカン派の「現実界」概念への批判に特徴的である[2]。既述のように、ジャック・ラカンにおいて、言語的秩序たる「父の法」が支配する次元を「象徴界」という。ラカンによれば、人は言語を獲得することで、つまり「象徴界」に参入することで主体化される。そして、そうした言語による象徴化から逃れ去る次元が「現実界」と名づけられているのである。また、象徴界と現実界の淵を限界づける「特権的なシニフィアン」は、「ファルス」とも呼ばれる（e.g. Lacan 1966: 693-4=1977（Ⅱ）: 158-60）。バトラーの立場からは、ラカン派の図式は、「父の法」や「ファルス」という語彙が男性中心主義にもとづいているのみならず、「現実界」という言語の「外部」を設定している点が問題となる。したがってバトラーは、ヘゲモニーによるラディカル・デモクラシーの可能性を「現実界」に求めるスラヴォイ・ジジェクにも、ラカンに対するのと同様の批判を向けることになる（esp. Butler 1993: ch. 7）。

　これに対するジジェクの反論は、「ファルス」や「父の法」は、単に「象徴化それ自体の形式」（Žižek 1994: 202=1996: 336〔強調は引用者〕）を示すにすぎないというものであった。それらは、生物学的な性差とは無関係だという。さらにジジェクによれば、そもそも現実界的なるものがなければ、バトラーが論じるような攪乱も起こりえない。

　　どんな歴史主義 historicism も、その領野を規定する最小限の「非歴史

的な」形式的枠組みに依存しており、そこで偶発的な包摂／排除、置き換え、再交渉、ずらしといった終わりなき開かれたゲームが起こる。(Butler et al. 2000: 111=2002: 150〔ジジェク執筆部分〕)

ここでいう「歴史主義」とは、偶発性（のみ）を強調するバトラーの立場を指している。そして、「歴史主義」においては、その偶発性を説明するための「『非歴史的』な核」(Butler et al. 2000: 112=2002: 150) についての理解が欠如していると指摘するのだ。そのうえで、ジジェクは自らの理論を、偶発性の構造原理を扱う「真の意味での歴史性 historicity proper」だという (Butler et al. 2000: 112=2002: 150)。

一方バトラーは、ジジェクの立場を「形式主義」と呼び、「形式主義はそれが否定する内容の残余から完全には自由になれない抽象化のプロセスによって生みだされる」(Butler et al. 2000: 144-5=2002: 195-6)と指摘する。バトラーにとっては、形式主義における「見せかけの空虚さ」は、「どんな批判からも免れている規範性」を暗黙の前提として成り立っている (Butler et al. 2000: 145=2002: 196)。そして精神分析において、その「規範性」とは「性的差異」であった。

とはいえバトラーも、しばしば精神分析の概念を自らの理論に導入する。彼女は、パフォーマティヴな攪乱の可能性を「想像界」に求めている。ラカンにおいて、「想像界」とはイマーゴが機能する次元で、幼児期の母子関係に典型的とされる。そこに第三項たる「父」が登場することで、子どもは、言語の領域（象徴界）に参入することになるのだ。想像界はアイデンティティ形成の場といえるが、バトラーは、それを象徴界が必然的に有している非完結性として位置づけ直すのである (Butler 1997b: ch.3=2012: 第3章)。

だとすれば、ジジェクによって好意的に解釈された現実界と、バトラーによる想像界の再読は、言語の非完結性という点では一致する。バトラー自身、「わたしたちは《現実界》が意味していることはただ一つ、主体の構成上の

と述べる。しかし、たとえジジェクによって再構成された形ではあっても、バトラーは、「現実界」概念を決して認めない。

このようにバトラーは、「主体形成の不完全さ」(Butler et al. 2000: 12=2002: 24) を前提としながらも、ジジェクの「現実界」解釈に執拗な批判を繰り返す。一般に、このことはバトラーの理論的混乱とみなされてきた[3]。エルネスト・ラクラウも、ジジェクによる「現実界」解釈に同意し、バトラーによる次の記述を批判する。

> 現実界が象徴化に抵抗すると主張することは、依然として、現実界をある種の抵抗として象徴化することである。前者の主張（現実界は象徴化に抵抗する）が真であるのは、後者の主張（「現実界は象徴化に抵抗する」というのは象徴化である）が真であるときのみであるが、しかし第二の主張が真であれば、第一は必然的に虚偽である。抵抗の様態としての現実界を想定することは、依然として、何らかの方法でその属性を断言し、現実界を明言された言語の能力から区別される現実として認めることである。(Butler 1993: 207)

ラクラウによれば、「バトラーの議論は、ラッセルのパラドックスにのっとっている（『それ自身の要素でないような全ての集合を要素とする集合は、はたしてそれ自身を要素として含むのか』云々）」(Butler et al. 2000: 66=2002: 94)。バトラーのいう第一の主張と第二の主張は、そもそも論理階梯が異なるというのだ。すなわち、ジジェク（やラクラウ）にとって、「現実界」はパフォーマティヴィティを説明するいわば「メタ言語」である。だが、バトラーはそれを、あくまでオブジェクトレベルで把握し、批判しているようにみえる。いったい、バトラーは何にこだわっているのか。

バトラーは、ジジェクによる「歴史性の空間を支えるのはまさに、象徴化

のプロセスの内的な限界としての『非歴史的な』切断線なのだ」(Butler et al. 2000: 214=2002: 285-6) という主張に対し、以下のように述べている。

> おそらく歴史性の「空間」という形象を字義通りに受け取ってはいけないのだろうが、時間性を提示するために選ばれた形象が、時間性を含みつつも、時間性を否定しているということは非常に印象的なことである。さらに言えば、この対立は完全に克服されることがなく、あらゆる種類の歴史化の内なる（不変の）形象として設定されているようだ。したがってこの見解においては、あらゆる歴史性の中心には、その核には、非歴史的なものがあるということになる。(Butler et al. 2000: 275=2002: 362-3)

かくして問題となるのは、「歴史」（時間性）と「構造」（空間）の関係、あるいはそうした区別それ自体である[4]。おそらく彼女は、言語の非完結性を必然としながらも、それを歴史性の「条件」とみなすことに同意できないのだろう。本章では、バトラーの議論に非一貫的な部分があることを認めつつも、バトラーの「こだわり」に寄り添ってみたい。

2-2. 普遍性と現実界

パフォーマティヴな攪乱を重視するバトラーと、現実界による偶発性を期待するジジェクは、極めて近い立場にありながら、ときに微妙に、しかし決定的な不一致をみせている。その背後には、「歴史主義」と「形式主義」の捉え方をめぐる相違がある。それは、「普遍性 universality」についての彼女らの議論にも明確に表われている。

「正義」「合理性」といった理念は、規範の正当化の「普遍的」な根拠とみなされてきた。だが、そうした「普遍性」の想定が、西欧中心主義の覇権的な価値観に依拠していることは、多文化主義、カルチュラル・スタディーズ、

ポストコロニアル批評等の論者が批判してきたとおりである。バトラーとジジェクも、基本的にはかかる批判に与している。

> だからわたしたちはハーバーマス的な試み——発話行為の前提としてあらかじめ設定されている「普遍」とか、「男」の合理的特質に属すると言われている普遍とか、可知的で予想可能な決定と同等とされている普遍の実体的概念とか、政治領域は合理的な行為者によって構成されるとみなす手続き的な形式を、発見したり、呼び起こそうとする試み——とは一線を画している（すでに内的には、一線を画してきた）。(Butler et al. 2000: 3=2002: 9〔バトラー、ジジェク、ラクラウの共同執筆部分〕)

ジジェクにとっても、バトラーにとっても、いかなる個別の内容が、「普遍」の名のもとに包摂／排除されるかは、絶えざる政治的再交渉のプロセスにある。ただし、彼女たちは「イデオロギー的に相異なった普遍の配置を検討している」(Butler et al. 2000: 3=2002: 9) という。

まずジジェクによれば、「『偽りの普遍性』の正しい批判とは、普遍に先立つ個別の立場から普遍性に疑問を突きつけることではない。それが起動するのは、普遍性自体に内在する緊張である」(Butler et al. 2000: 102=2002: 138)。ジジェクの擁護する「普遍」は、複数の「個別」のあいだの再交渉を可能にする原理である。

> 普遍性が「現実」になるのは、まさにその基盤をなす排除を問題としてとり上げ、それらを絶えず問いかけ、再交渉し、置換させていくことによってのみである。つまり、その形式と内容の亀裂を認め、その観念自体が到達しえないものであると考えることによってである。(Butler et al. 2000: 102=2002: 138-9〔ジジェク執筆部分〕)

つまりジジェクは、「現実界」を言語の不可能性それ自体とみなしたように、「歴史性という地平そのものを支えている」「原理的な排除」(Butler et al. 2000: 110=2002: 148) の「形式」を「普遍」と捉えるのだ。

だがバトラーは、たとえ「空虚な形式」としてであっても、「普遍」なるものを基盤的に想定することに反対する。それはバトラーにおいて、偶発性の「条件」としての現実界を批判することと、論理的にパラレルとなっている。

その際、バトラーが参照するのは、ヘーゲル哲学である。G. W. F. ヘーゲルの『精神現象学』(Hegel [1807] 1832=1998) は、「自己意識」が「絶対精神」に至る「目的論的」ストーリーとみなされてきた。そこでは、自己同一的で一貫した「主体」像が前提とされる。これに対してバトラーが、ヘーゲル研究の系譜をパフォーマティヴに読み解きつつ提示するのは、終わりなきプロセスとしての、かつ他者性を帯びた「自己」である。すなわち、自己は他者との関係において自我を確立しており、そうした自己意識の獲得は、永遠に未完成である (Butler 1987)。同様に、ヘーゲルにおいては「抽象的志向」である「普遍」さえも、バトラーの解釈によれば、つねに具体的な個別性に汚染されている。「ヘーゲルは、すべてを包摂する真実なる普遍に向かって論を組み立てているように見えるが、そうではない。むしろかれが提示しているのは、それ自身の基盤である否定と切り離すことができない普遍なのだ」(Butler et al. 2000: 24=2002: 39)。ヘーゲルは、「普遍」が「主体の認識 cognitive 能力の特質ではなく、相互的な再認識＝承認 recognition の問題に関連したものであることを明らかにしている」(Butler et al. 2000: 20=2002: 34)。さらに、この「再認識＝承認」は「習慣つまり『人倫性 Sittlichkeit』に依存して」いるともいう (Butler et al. 2000: 20=2002: 34)。バトラーにとって、習慣は、個別的な実践によって出現するものであるから、習慣に条件づけられた「普遍」は「個別」によって媒介されている。しがたって、「普遍を文化の規範を超越するものと位置づけるあらゆる試みは、不可能だと思われる」(Butler et al. 2000: 20=2002: 35)。

代わって彼女が示すのは、「文化翻訳という構築的な行為」として「普遍」を「再考」する見方である (Butler et al. 2000: 20=2002: 35)。

> 重要なのは、文化的差異がわれわれに課している課題は、翻訳という困難な仕事を通じての普遍性の表明であるという点である。その仕事は互いを代理・表象するためにつくられた用語そのものを変容させるべく努めるのであり、そのような予期されない変容の運動は普遍的なものを、なおも達成されなければらないもの、飼い慣らしを拒絶するためには決して十全にないしは最終的に達成可能なものであってはならないものとして樹立するのである。(Butler 1996b: 52=2000: 97)

ジェームズ・ホワイトによれば、「翻訳としての正義 justice as translation」とは、還元不可能な差異に向き合う技法であるが (White 1990)[5]、バトラーもまた、「あたかもある文化の普遍概念がべつの文化の普遍概念に翻訳できるかのように考えてはいけない」(Butler et al. 2000: 20=2002: 35) と述べている。つまり、共約不可能な文化の境界を攪乱し続けること自体が、バトラーのいう「普遍」なのだ。

こうしてバトラーは、「ジジェク流の公式化」への批判を、以下のように整理する。

> もしも翻訳が、かれの言葉を使えば、「つねにすでに」起こっているのなら、翻訳を起こそう——しかも非‐帝国主義的に起こそう——と政治的に促すことは、同語反復になりはしないか。〈つねにすでに〉という領域と、政治の達成領域を対立させるのも、間違っているかもしれず、もしそれが間違っているなら、この二つの視点をまとめて思考できるということが、さらに必要になってくる。(Butler et al. 2000: 276=2002: 364)

バトラーにあっては、「政治の達成領域」を「〈つねにすでに〉という領域」で基礎づけるのは「間違っている」。それは、言語の「形式」を「歴史性」の条件とみなす発想である。むしろ彼女は、「二つの視点をまとめて思考」することを試みる。そこで次節では、バトラーにおける「歴史」の位置づけを確認しよう。

3. 言語行為の歴史性
3-1. 言語行為による主体の（脱）構築

バトラーは、パフォーマティヴィティの歴史性を重視するが、とくにそれは、言語行為論の再解釈のなかで述べられることになる。それゆえ、言語行為論をめぐる彼女の議論を検討することで、歴史性を考察する手がかりとしたい。

「パフォーマティヴ」という語は、ジョン・L. オースティンの言語行為論に由来する。オースティンは、従来の哲学者たちが、陳述文の役割を「事実」の「記述」と捉えてきたことを批判する（Austin 1962: 1=1978: 4）。かれはまず、「私は約束する」など、「言うこと」がそのまま「行うこと」になる発話を「行為遂行的発言 performative utterance」と呼び、事実の報告たる「事実確認的発言 constative utterance」から「予備的」に「分離」した（Austin 1962: 4-7=1978: 8-13）。事実確認的発言は、真／偽のいずれかであるが、行為遂行的発言は、適切／不適切のいずれかである。

だが両者は、「かならずしも明瞭な仕方で……区別されるものではない」（Austin 1962: 67=1978: 118）。あらゆる言語表現は、状況に応じて、行為遂行的な性質をもつこともあれば、事実確認的な性質をもつこともあるからだ。「私は約束する」という発言は、それ自体が「約束」という行為をなしたものとみなされる場合もあるが（行為遂行的発言）、自分が「慣習的にどんな行動をとっているかを記述するために」用いられることもある（事実確認的発言）（Austin 1962: 64=1978: 112）。

そこで、次にかれは、発話にかかる行為の3つの側面という観点から「言語行為の一般理論」を構築することになる。すなわち、①「何ごとかを言う」という「発語行為 locutionary act」、②発語行為の遂行それ自体「においてin」なされる「発語内行為 illocutionary act」、③発語行為や発語内行為の遂行「によって by」、「いま一つ別種の意味の行為を遂行することであるというような言葉の使用の第三の意味」としての「発語媒介行為 perlocutionary act」である（Austin 1962: 94-103=1978: 164-77）[6]。そのなかでもオースティンは、「発語内行為」に関心を寄せ、他のふたつとの区別や関係を検討する。

したがって、事実確認的発言を成り立たせていた真／偽の観点も、適切／不適切の観点に収斂する。

　　真とか偽とかいうことは（一定の目的に限定すればつねに可能でしかも合法的なある種の人工的な抽象化による以外は）関係や性質等の名称ではなく、むしろ、言葉がそれの言及している事実、事件、状況等に関していかに満足すべきものであるかということに対する評価の一つの観点の名称であるからである。(Austin 1962: 148=1978: 249)

こうして、言語を客観的対象に「言及」するものと捉える「『記述主義的』誤謬 "descriptive" fallacy」は、完全に否定される。オースティンにおいては、「全体的な言語的状況における全体的言語行為」こそが、「解明に専念すべき唯一の現実的な現象」となるのだ（Austin 1962: 147=1978: 249）。オースティンの議論は、発話の「意味 meaning」ではなく、「力 force」（効果）に着目したものとして、多くの理論家に影響を与えてきた。バトラーも、主体化を言語の効果とみなしている。

　　ジェンダーは結局、パフォーマティヴなものである。つまり、そういう風に語られたアイデンティティを構築していくものである。この意味

でジェンダーはつねに「おこなうこと」であるが、しかしその行為は、行為のまえに存在すると考えられる主体によっておこなわれるものではない。(Butler 1990: 25=1999: 58)

ただしオースティンの場合は、言語行為を行う主体が存在することになるが[7]、バトラーにあっては、言語行為による主体の構築こそが強調されていた（Butler 1997a: 25=2004: 39-40）。彼女は、主体化それ自体の暴力性に批判的な眼差しを向けるとともに、言語行為による脱主体化の可能性をも指摘するのである。そしてここから、ポルノグラフィやヘイト・スピーチの検閲を正当化するような議論に異議を唱えることになる。

フェミニズム法学者であるキャサリン・A. マッキノンは、「言論は行為なのである Speech acts」(Mackinnon 1994: 21=1995: 49) と述べ、ポルノグラフィを「表現の自由」の建前のもとに擁護する「リベラル」な法的言説を批判する。彼女によれば、「ポルノグラフィを『表現』として構築することの危険性は、ポルノグラフィがやっていること、つまり性行為 sex を通じて女性を従属させることに憲法上の保障を与えてしまうことである」(Mackinnon 1994: 20=1995: 48)。マッキノンにおいて、ポルノグラフィは「発語内行為」とみなされているのだ。

しかし、バトラーによれば、特定の発話を成り立たせているコンテクストを無視し、現在の時点で、「それを生みだす意図や起源の配備に結びついているとみなしてしまうと」(Butler 1997a: 14=2004: 23)、発話の意味を固定させることになる。たしかにマッキノンが論じるように、ポルノグラフィやヘイト・スピーチは、他者を（ときに）従属的な存在として主体化するが、検閲も「主体を形成したり、発話の合法的な境界を作り上げてもいる」(Butler 1997a: 132=2004: 206) 点では同様である。オースティン自身や、かれの言語行為論を発展させた他の理論家が、「発語内行為」を重視するのとは対照的に、バトラーは、「発語媒介行為」の概念に、オースティン理論の意義を見出す

ことになる。

> もしも中傷的な発話の行為遂行性を、発語媒介行為のようなものと考えるなら（発話は効果をもたらすが、効果そのものでないならば）、そのような発話は、一連の不必要な効果を生産したという理由でのみ、中傷的な効果を与えるものとなる。したがってそれとはべつの効果がその発言から生じることになれば、そのときこそ、そういった発言を利用し、逆転させ、べつの文脈を与えることが可能となる。他方、もしも法的手段が、ヘイト・スピーチを発語内行為とみなす見方をとるかぎり（発話が中傷的な効果を、発話と同時に不可避的に行使するかぎり）、対抗発話によってその種のヘイト・スピーチの力を無害にする可能性は、閉め出される。(Butler 1997a: 39=2004: 61-2)

たとえば、「クィア queer」という語は、もともとは「侮蔑語」であったが、それが戦略的に転用されることによって、正常／異常、異性愛／同性愛という既存のカテゴリーを攪乱することにもなった (Butler 1997a: 14-5=2004: 23-4)。
ポルノグラフィによる「正しくない」主体化に対して、マッキノンが「正しい」主体の構築を志向しているのだとしたら、バトラーは主体の脱構築に希望を求めているのだといえよう[8]。こうした「再意味づけ」を可能にするには、言語の流通を開いたものにしておかなければならない。バトラーは、時間的な隔たりのなかでの言語行為の「効果」に注目するのである。

3-2. 主体とコンテクストの問題

バトラーにとっては、主体が言語行為を行うのではなく、言語行為の「引用」によって、「起源」としての「主体」が遡及的に設定される。したがって、言語行為を成り立たせているコンテクストが重要となる。
オースティンもまた、言語行為のコンテクストに言及している。かれは、

言語行為が「適切」に遂行される「必要条件」として、「ある一定の慣習的な conventional 効果をもつ、一般に受け入れられた慣習的な手続」の存在をあげる（Austin 1962: 14=1978: 26）[9]。資格のない者が「この船をスターリン氏号と命名する」と宣言しても、あるいは、「聖者がペンギンに洗礼を施し」ても、それらは無効である（Austin 1962: 23-4=1978: 40-1）。さらに、「その手続きは……、ある一定の言葉の発言を含んでいなければならない」（Austin 1962: 14=1978: 26）という。

バトラーは、「行為遂行性の機能」を「発話者の意図」に還元していないとして、オースティンを評価しつつも（Butler 1997a: 24=2004: 39）、「既存の慣習」が「不動」とされていることを批判する。

> ひとたび慣習が設定され、行為遂行性が慣習表現に加われば——そしてあらゆる状況が適切であれば——言葉は行為となる。洗礼は執り行われ、犯罪の容疑者は逮捕され、異性愛カップルは結婚する。（Butler 1997a: 146=2004: 226）

さらに続けてバトラーは、オースティンにおいては、言語行為のコンテクストとして、もっぱら言語の使用法のみが着目され、「社会制度の権力」についての「理論」が不十分であると指摘する（Butler 1997a: 146=2004: 226）。そして、この点を明確に批判しているのが、ピエール・ブルデューであるという（Butler 1997a: 146=2004: 226）。

ブルデューによれば、言語行為の効果は、言語の内部にではなく、社会的条件としての発話者の権威に基礎づけられる。「行為遂行的発言は、それを発言する『権力』をもつ人物によって発せられないのであれば、つねに失敗することが運命づけられている」（Bourdieu 1991: 111）。かれは、言語の「外部」の社会的権力を重視するのである（Bourdieu 1991: 109）。

だがバトラーは、ブルデューに完全に同意するわけではない。ブルデュー

にあっては、「行為遂行的発言を行う主体は完全に固定的な形で社会的権力の分布図上に位置づけられて」(Butler 1999b: 122) おり、発話主体の構築が説明し損なわれている。また、「行為遂行的発言が作動するか否かは、発話主体が……予め権威づけられているかどうかによる」(Butler 1999b: 122) ことになり、これでは、社会制度の変容を論じられない。アメリカ南部の人種隔離政策に抵抗するためバスの前方に座ったローザ・パークスのように、「事前には権威づけられていない権利を主張することによって、……既存の正統的慣例を転覆させる」(Butler 1997a: 147=2004: 228) こともできるのだ。

このようなバトラーの議論は、ジャック・デリダによるオースティン批判を想起させる。デリダの批判は、いわゆる「現前の形而上学」に対するものだが、より具体的には、言語の「寄生的」用法についてのオースティンの扱い方に向けられる。オースティンは、舞台での語りや、詩のなかでの発言を、「特殊な状況」における「言語褪化 etiolation of the language」として、理論から「除外」しようとした (Austin 1962: 22=1978: 38)。しかしデリダは、言語の「寄生的」用法、すなわち引用的性質を行為遂行的な力の構造的必然性だと考える。

> あるパフォーマティヴな発言は、もしもそれを決まり文句として言う行為が一つの「コード化された」ないしは反覆可能な発言を反復するのでなかったら、成功しうるであろうか。言い換えれば、会議を開いたり、船を進水させたり、あるいは結婚式を挙げたりするために私が発する決まり文句が、もしも一つの反覆可能なモデルに合致しているものとして、同定可能でなかったならば、したがってそうした決まり文句がいわば「引用」として同定可能でなかったならば、パフォーマティヴは成功しうるであろうか。(Derrida 1990: 45=2002: 44-5)

言語行為の引用的性質は、既存の文脈からのズレを生じさせる。こうして、

「脱文脈化」の可能性が開かれる。上記の引用における「反覆 itération」という言葉は、まさにこうした事態を示している。「反復」が「差異」を生み出すということである。「『同じもの』の反復こそが、コンテクストの複数性……を事後的に可能にする」からだ（東 1998: 36）。

バトラーもデリダに依拠して、「パフォーマティヴィティ」概念を練り上げている。「繰り返しは単なる同じものの写しではないことを思い起こしたい」(Butler 1993: 226=1997: 162)。しかし、デリダの議論では「行為遂行性の『構造的性質』」を「社会的文脈」から「完全に分離」させるという問題が生じてしまうともいう (Butler 1997a: 148=2004: 229)。「反復の論理」は、言語の「形式的」構造としてではなく、「社会的論理」として理解すべきである (Butler 1997a: 150=2004: 232)。

ブルデューにおいては、コンテクストとしての社会制度が、言語の外部に固定されたため、言語行為の時間性が「時をつうじて慣習が沈殿している不動な社会的文脈」(Butler 1997a: 146=2004: 226) に回収される。一方、デリダの場合は、言語行為が、社会的コンテクストから完全に断絶されてしまっている。ようするに、言語行為を、過去に規定されるものとみることも、過去から切り離されたものと捉えることも、ともに避けなくてはならない。コンテクストそれ自体の時間性を考えるべきなのだ。

> 儀式における「瞬間」は、凝縮された歴史性である。それは過去や未来へと拡大し、発話のまえやあとを呼びおこす効果をもち、したがって発話の瞬間を構築すると同時に、その瞬間から逃げ去りもする。(Butler 1997a: 3=2004: 6)

いささか思わせぶりなこのフレーズの含意は重要だろう。言語行為における歴史性とは、〈過去→現在→未来〉という単純な因果の連鎖を意味するものではない。バトラーは、「発話の状況は、空間や時間の範囲を画定する

ことによって簡単に定義できるような、単純な文脈ではない」(Butler 1997a: 4=2004: 7) と述べている。ある言語行為が依拠しうるコンテクストそれ自体は、一義的に決定できるものではないのだが、それは、言語行為の瞬間において過去と未来が召還されるからだ。

4.「パフォーマティヴィティ」における「歴史」と「構造」
4-1.「構造」の「時間性」

では、バトラーによるジジェクへの批判と、彼女が強調する言語行為の時間性とは、いかなる関係にあるのだろうか。ここまでの議論を整理しながら、改めて、「パフォーマティヴィティ」概念における「歴史」と「構造」の問題について考えたい。

ラカン派の図式は、「ファルス」や「父の法」といった語彙によってジェンダー化されていることが、フェミニストからの批判にさらされてきた。バトラーの批判も、まずはこの点に向けられている。一方、ジジェクは、ラカン派の諸概念を、あくまで形式のレベルで把握すべきだと主張する。そして、歴史的偶発性を説明するために「現実界」にこだわるのだ。こうして論点は、「歴史主義」と「形式主義」の関係という第二段階に移る。

ジジェクにおいて、現実界は「象徴化の挫折」、すなわち言語の非完結性である (Žižek 1989: 172=2000: 263)。つまり、言語構造がすべてを決定し尽くせないこと、それゆえ、主体化は必ず失敗することが示されている。こうした「空虚な形式」(Butler et al. 2000: 110=2002: 148) は、「普遍」的なものであり、だからこそ、歴史的変化が起こりうることになる。ジジェクは、言語構造の固定性・完結性という「構造主義」的な枠組みを斥けるのだ。しかしバトラーの立場からすれば、ジジェクの議論も、やはり「構造」規定的な説明でしかない。言語の非完結性という「普遍」的「構造」に、「歴史的」領野たる偶発性を従属させているからだ。これに対し、「歴史性」をより重視するのがバトラーである。バトラーは、言語行為論を再構成するにあたり、時間軸を

導入している。言語行為は、その引用性ゆえに、既存の意味の攪乱や、再意味づけを可能とする。

　バトラーによれば、「主体形成の不完全さは、政治的特徴であって構造的な静態や基盤でない排除をつうじ、まさに〈過程にある主体〉が構築されるから」(Butler et al. 2000: 12=2002: 24) である。ジジェクにとっては、言語「構造」が「つねにすでに」非決定性を有するということ、つまり「主体形成の不完全さ」は、「政治の達成領域」における「歴史的」偶発性の条件であった (cf. Butler et al. 2000: 276=2002: 364)。だが、バトラーにおいては、むしろ「主体形成の不完全さ」自体が、「政治的な特徴」として、パフォーマティヴな構築「過程」にある。もちろんジジェクならば、そうしたパフォーマティヴィティを条件づけるのが現実界なのだと、さらに反論するかもしれない。それゆえ両者の対話は、堂々巡りに陥るかのようにも思える。

　しかし、「歴史」を「構造」と対比させ、前者に優先的地位を与えるものとして、「パフォーマティヴィティ」概念を捉えるべきではない。本章でみてきたように、言語行為の「歴史性」とは、言語「構造」の「通時的」変化を示すものではないからだ。バトラーは、「二つの視点をまとめて思考」しようとするのである (Butler et al. 2000: 276=2002: 364)。

　この点、フェルディナン・ド・ソシュールにおける共時態／通時態の区別、およびそれに対するロマン・ヤコブソンの批判は示唆的である。

　ソシュールにおいて、言語は示差的な項の体系である。「たとえば、英語にある foot / feet の対立を考えてみよう。feet という語に複数なる概念を与えるものは、foot との対立現象以外の何物でもなく、feet に内在するいかなる特質とも無関係である」(丸山 1981: 97)。ソシュールは、こうした言語体系のなかでの項と項の関係に着目し、記号を「差異的」なものだという (Saussure 1949: 163=1972: 165)。さらに記号は、「恣意的」な性質も有している。記号は「シニフィアン signifiant」（たとえば、「イヌ」という文字・音声）と「シニフィエ signifié」（「イヌ」という概念）が結びついたものだが、両者の対応関係は、

自然的・必然的なものではない。「記号とは、シニフィアンとシニフィエとの連合から生じた全体を意味する以上、われわれはいっそうかんたんにいうことができる：言語記号は恣意的である」(Saussure 1949: 100=1972: 98)。

そして、「差異性」と「恣意性」は、言語記号のもつ「二つの相関的性質である」(Saussure 1949: 163=1972: 165)。「いろいろの切れ端 A、B、C、D、etc. のあいだに認められる関係が、おなじ切れ端の表と裏のあいだにある関係、つまり A/A'、B/B'、etc. と分明でないなどということは、了解に苦しむところである」(Saussure 1949: 159=1972: 161)。

そのうえでソシュールは、こうした言語の体系と、その時間的変化の側面とを区別する。「体系における関係」(一時点での「言語状態」)たる「共時態 synchronie」と、「時間における関係」(言語の「進化位相」)たる「通時態 diachronie」である (Saussure 1949: 116-7=1972: 114-5)。そして、次のようにいう。

　　従来の文法は共時論的事実しか見なかった；言語学は新しい秩序の現象を啓示してくれた。しかしそれだけではたりない；二つの秩序の対立を引きたたせ、それにふくまれるすべての帰結を引きださねばならないのである。(Saussure 1949: 119=1972: 117)

バトラー／ジジェク論争との関係でいえば、さしあたり、「共時態」を「構造」や「空間」、「通時態」を「時間性」や「歴史性」になぞらえることができよう。

一方、「共時態というのは……通時態の一部」(Jakobson 1985: 30=1995: 43) だとして、ソシュールにおける共時態／通時態という対比を批判するのがヤコブソンである[10]。ヤコブソンによれば、「共時的・通時的、静的・動的という二つの明確な対立は、現実には符合しない」(Jakobson 1985: 12=1995: 14)。

もし観客に共時的状態に関する質問をしたならば——たとえば、この瞬間、あなたはスクリーン上に何を見ていますかというような——その人は、必然的に共時的答えをするでしょう。しかし、それは決して静的なものではありません。というのも、その瞬間観客は、馬が走っていたり、道化が宙返りをしたり、悪漢が銃弾を受けたりしているのをみているからです。(Jakobson 1985: 12=1995: 14)

　「『構造』に時間軸がある」(Butler 1997a: 19=2004: 31) というバトラーの指摘も、構造自体の歴史性を述べたものと考えられる。こうして、「構造」と「歴史」の二元論が問い直されることになる。
　「共時態」を閉じたシステムとしてではなく、「普遍的」に非完結なものと捉えることで、その「通時」的変化を理論化したのが、ジジェクであったといえる。これに対してバトラーは、ジジェクにおける時間性の軽視を指摘する。しかしそれは、「共時」に対する「通時」の優位を主張するものではない。バトラーも、ヤコブソン同様に、共時／通時の区別自体を疑問視するのだ。

4-2. 社会批判としての言語行為（論）

　もっとも、「進化はつねに体系的性質をもつ」(Jakobson 1985: 26=1995: 36) というヤコブソンの議論は、バトラーが論じる攪乱とは相容れない部分がある。ヤコブソンは「共時態」の「動的」性質を論じる際に、「原点と変化の最後の相という二つの要素が、同時にある期間一つの言語共同体のなかに存在し、両要素がスタイル上の異形として共存するのだ」(Jakobson 1985: 30=1995: 43) と述べる。ここでは、過去から現在までの推移が素朴に想定されている感は否めない。つまり、ヤコブソンは、時間性を再び直線的・体系的な理解のもとに収斂させてしまっているのだ。だが、むしろ時間性それ自体を非決定的なものと把握しなければならない。
　たしかに言語行為は、コンテクストとの関係においてのみ生じる。そして、

ある時点で既存のコンテクストとみえるものは、これまでの言語行為による沈殿の結果である。しかし、言語行為によって、新たなコンテクストへの接続がなされることにもなる。ここに、パフォーマティヴィティによる脱主体化の契機がある。もちろん、主体化が言語的なものである以上、私たちは言語による被傷性から逃れられない。それゆえ、既存のコンテクストを（それらに依拠しながら）絶えず脱文脈化していくしかない。

だが、既存のコンテクストとされるもの自体、一義的に決定できるものではない。ある「瞬間」におけるコンテクストの発見は、それ自体が言語行為である。そして、既存のコンテクストを問題化するというコンテクストがその「瞬間」に現れる。同時に既存のコンテクストは、それが接続されうる新たなコンテクストとの関係において有意味になる。したがって、言語行為は、コンテクストに規定されながらも、それが依拠するコンテクストや、新たなコンテクストを呼び起こすのである。

ようするに、言語構造の非決定性（ジジェクにおける「構造」）自体が「時間性」を有しており、そのため、パフォーマティヴィティが可能となる。そして、（時間性をともなう）言語構造の非決定性もまた、パフォーマティヴに生じるものなのだ。

既存の権力を批判し、それらに名前を与えるとき、社会は固定的に語られがちとなる。たとえば、フェミニズムは男性支配のシステムを「家父長制」と名づけることで、その弾劾対象を特定してきた。だが、このような語り方は、とくに反本質主義という文脈において、今日疑問に付されている。「『女の抑圧』というあらかじめ構成されたカテゴリー観」や、「女を抑圧する単一のメカニズムがある」という前提は否定されるようになったのだ（Laclau and Mouffe 1985: 117=1992: 188）。バトラーも、次のように述べている。

> 「家父長制」という考え方こそが、ジェンダーの非対称性をさまざまな文化の文脈で個別的に説明しようとする作業を踏みにじったり、ある

いはその作業を何かにまとめてしまうような、普遍化概念になる恐れが出はじめたのである。フェミニズムはこれまで、人種差別や植民地主義に対抗する闘争としっかり手を結びたいと願ってきたが、それだからこそ、家父長制という超越概念をふりかざして、種々様々な支配の配置をその超越概念で説明するような、認識上の植民地化戦略に抵抗することが、なおさら重要になってくる。それとともに、家父長制の法を抑圧的で規制的な構造とみなしてしまうことも、この批判的見地から見なおす必要がある。(Butler 1990: 35=1999: 77-8)

つまり、「家父長制」を批判するはずのフェミニズム言説が、家父長制を「物象化」してしまうことへの懐疑が示されている。そもそもバトラーは、「象徴界」を固定的に捉えることを避けてきたのである。

しかし他方で、非決定性や偶発性を強調するとき、既存の権力に対する直接的な批判を行うことの困難が生じる。バトラーは、『ジェンダー・トラブル』(Butler 1990=1999) において、性別二元論を自然化する権力を「異性愛のマトリクス heterosexual matrix」と名づけていた。ピーター・オズボーンとリン・シーガルは、「『異性愛のマトリクス』と呼ぶものは、……ファルスの代用物になっている」と指摘するが (Butler 1994: 36=1996: 56)、バトラーは、これについて「その通り」と答えている。

　　異性愛のマトリクスは、全体化をおこなう一種の象徴界になってしまいました。けれどもだからこそ、私は『問題なのは身体だ Bodies That Matter』で、この言葉をかえて、異性愛のヘゲモニー hererosexual hegemony としたのです。こちらのほうは、再定義に向かって開かれた母胎になる可能性を秘めています。柔軟なのです。(Butler 1994: 36=1996: 57)

そして、「『問題なのは身体だ』では、異性愛のマトリクスという言葉はどこにも使ってません」という (Butler 1994: 36=1996: 57)[11]。彼女も、批判対象の特定と攪乱とのあいだで葛藤してきたのかもしれない。

バトラーは、主体の言説的構築を論じるとともに、言語行為の引用／反復のなかに、攪乱の可能性があることを強調していた。すなわち、パフォーマティヴィティには、過去の沈殿と、未来の偶発性というふたつの側面がある。フェミニストとしてのバトラーにとって、異性愛体制が構築されていることを批判するのみならず、現行秩序の脱構築を試みることが必要だからだ。それゆえ、彼女のいう「批判的脱主体化」の契機を探るためには、言語行為における「過去」と「未来」の関係に焦点を当てる必要があった。そして、未来への志向としての「批判的脱主体化」の契機は、現在を語ることのなかにある。

だとすれば、「家父長制」概念へのバトラー自身の違和感の表明にもかかわらず、あえて批判対象としての権力をパフォーマティヴに名指し、それによって未来の偶発性のための接続可能性を見出していくという語り方もあるのではないだろうか。未来の偶発性は現在を語ることと無縁ではない。既存の構造を語ることのなかに、構造を攪乱する契機があることになる。言語行為によって、新たなコンテクストへの接続がなされるのだが、それは、過去から切り離されたものではありえない。

以上のようなパフォーマティヴィティの「時間性」に関する理解は、「歴史的現在」へのパフォーマティヴな批判的スタンスを物語っている。ここにおいて、言語行為についての理論と、権力を批判するという言語行為とは不可分なものとなるのだ。

5. おわりに

本章では、「パフォーマティヴィティ」の「時間性」を考察することで、「批判的脱主体化」の契機を探ってきた。つまり、バトラーによる言語行為論の

再解釈のなかに、「構造」と「時間」の二元論を無効化する視座を発見し、「構造」それ自体が「時間性」を有していること、現在を語ることのなかに「未来」の「偶発性」があることを再確認したのである。さらに、ここでの「時間性」とは、「空間」と二元的に対立するようなものではない。発話の状況や文脈自体が、時間的な非決定性を帯びているのである。「パフォーマティヴィティ」の「時間性」を、〈過去→現在→未来〉というクロノロジカルな因果関係を意味するものと考えてはならない。

こうした理解は、バトラー理論のコンスタティヴな解釈を、もはや逸脱しているかもしれない。しかし、バトラーのテクストをパフォーマティヴに読むことで、「パフォーマティヴィティ」概念のラディカルさを引き出すことができるのではないだろうか。

本章は、主体（化）の側面に焦点を当て、未来の偶発性を論じてきた。もちろん、本書で繰り返し述べてきたように、主体化と社会の構築とのあいだには、つねにコンフリクトを含みつつも、同一の機制が働いている。したがって当然ながら、脱主体化とは、社会の脱構築を意味する。そこで次章では、社会空間の側から、未来の偶発性について考えたい。

【注】
(1) 本章は、大貫挙学（2009）に大幅な加筆修正を施したものである。
(2) バトラーによる「現実界」批判、およびそれをめぐるスラヴォイ・ジジェクとの論争は、すでに第2章2節で詳細に検討した。
(3) たとえば、村山敏勝は次のように述べている。「主体は（記号は、シニフィアンは）自分自身と一致することがないという点は彼女〔バトラー〕も全面的に認めているのだから、提示している『構造』——彼女自身は否定的にしかこのことばを使わないとはいえ——が〔ジジェクの議論と〕変わるわけではない」（村山 2005: 174）。
(4) この点、佐藤嘉幸は、バトラーによるジジェクへの批判を次のように整理する。「『現実界』が常に同じ形式で主体と構造を規定するとすれば、そのとき

第 5 章 「パフォーマティヴィティ」の「時間性」　147

歴史性の領野は消去されてしまう。それは、構造変動という通時的問題を扱うことができない、ということだ」（佐藤 2008: 216）。しかし後に述べるように、本章では、「構造」と「歴史」、「共時」と「通時」という区分自体を再検討したいと思う。また竹村和子は、「現実界」を「パフォーマティヴな行為そのものの『原因』であり、同時に『結果』」（竹村 1996: 208）でもあるという。竹村によれば、「『偶発的』なものを『必然』にすりかえるイデオロギー作用は、主体構築の前になされるのではなく、主体構築のまさにその時点でおこなわれる」（竹村 1996: 207-8）。本章の課題は、主体構築の「その時点」を考察することにある。

(5)「翻訳としての正義」については、大川（1999: 終章）も参照。

(6)「例えば、『私は明日必ず来ることを約束します』という私の発言は、そのような音声を発することとしてまず発話行為の遂行であり、同時にその発言のもつ本質的な力としての『約束』という発語内行為の遂行であり、そして最後にその結果として、たとえば対話者を安心させるという発語媒介行為の遂行なのである」（立川・山田 1990: 173）。

(7) このことを象徴しているのが、「発言原点 utterance-origin」（Austin 1962: 60=1978: 107）という言葉である。

(8) 日本のフェミニズム法学においては、マッキノンの影響力が極めて大きいが（e.g. 辻村 2010）、そのなかで、若林（2008）は、バトラーの理論をふまえた議論を展開しており、注目に値する。

(9) より厳密にいえば、オースティンは、まず、行為遂行的発言の「適切性」条件のひとつとして、慣習をあげている。かれは、発語行為と発語内行為についても「慣習を含んでいる」（Austin 1962: 106=1978: 183）としているが、発語媒介行為に関しては次のように述べている。「非慣習的 non-conventional な手段（あるいは普通の言い方では『反慣習的 unconventional』な手段）、すなわち、まったく慣習的でないか、当該目的にとって慣習的でない手段によって達成できることは確かである」（Austin 1962: 118=1978: 197）。

(10) もっとも立川健二によれば、ヤコブソンの批判は失当である。ソシュールの「共時態」「通時態」は、あくまで理論的な認識対象であって、現実対象ではないからだ（立川 1986）。だが、本章で問いたいのは、「理論」モデルとしての「共時」と「通時」の関係性それ自体である。また丸山圭三郎は、反構造主義的なソシュール読解を提示している（丸山 1981）。しかし、そこにおい

ても、空間／時間の二元論は維持されている。
(11) だが実は、同書にも「異性愛のマトリクス」という用語が確認できる（e.g. Butler 1993: 65）。

第 6 章　公私二元論の再検討

1. はじめに

　前章においては、「パフォーマティヴィティ performativity」の「時間性 temporality」を検討し、「批判的脱主体化 critical desubjectivation」の契機が、現在を語ることのなかにあることを確認した。また、これまで示してきたように、主体化と社会空間の構築は、パフォーマティヴに同時に達成される。これらをふまえ本章では、社会空間のあり方として、「批判的脱主体化」の可能性を考えていこう。

　第二波フェミニズムによる「個人的なことは政治的である The personal is political」というテーゼは、近代社会における公私の分離を問題化するものであった。もちろんそれ以前からも、公私関係の把握は社会思想史上の課題であり続けてきた。だが、とりわけフェミニズムの意義は、家内領域／公共領域の区分がジェンダー的に規定されていることを明るみに出した点にある。そして最近では、かかる問題提起を受けて、新たな「親密圏」の定式化や、法的規制をめぐる議論もなされるようになっている。しかしこうした議論の多くは、社会空間やそこに配置される主体を、結局は再び固定させてしまうという難点を含んでいる。したがって、主体化と社会空間の産出の関係について、一方を所与とすることなく考察する視座が重要となってくる[1]。

　以下では、最初にフェミニズムにおける公私二元論批判を、リベラリズムへの異議申し立てとして把握する（第 2 節）。次に、リベラリズムとフェミニズムの対立を乗り越える試みとして、ドゥルシラ・コーネルの理論を取り

上げる。そして、コーネルのいう「イマジナリーな領域 imaginary domain」を「批判的脱主体化」を可能にする契機として再定義する（第3節）。かかる立場から最後に、ドメスティック・バイオレンス（DV）をめぐる近時の政策についても、若干の検討を行いたい（第4節）。

2. フェミニズムとリベラリズムのあいだ
2-1. リベラリズムにおける公私二元論

「個人的なことは政治的である」というスローガンは、女性解放運動の現場から生まれたものであるが、その主要な問題構制をケイト・ミレットの著作に見出すことができる（cf. 金井 1992: 80）。本書では、そこから二重の含意を読み取ってきた。まず一般に、このテーゼは「私的領域」たる家族内部の支配を「公的な」文脈に位置づけたものと評価される。ミレットも、「男性優位主義のイデオロギー」と「家父長制的な所有財産としての家族」との関係に言する（Millet 1970: 62=1985: 128-9）。しかしこのテーゼは、「家族」という特定領域における抑圧のみを主題化したものではない。ミレットによれば、「交接 coitus は何ものにもまして個人的ないし私的領域における性の政治のモデルとしての役割をもちうる」（Millet 1970: 23=1985: 69）。つまり、「個人的ないし私的領域における性の政治」が射程をおいているのは、典型的には（家族領域に限定されない）男女の性的関係であり、かつまた、それだけにはとどまらないということだ。ここでは、私たちが女／男として行為することの「政治性」が指摘されている。

すなわち「個人的なことは政治的である」という主張は、(1) 家内領域／公共領域という社会空間としての公私二元論と、(2) 性的主体のあり方（「私」的なこと）を社会的文脈（「公」的なこと）から分離させる見方を、ともに告発しているのだ。そしてキャロル・ペイトマンが論じるように、かかる公私区分は、リベラリズムがその前提としてきたものである。

> 〔リベラルフェミニズム以外の〕フェミニストたちは、私的なものと公的なものというリベラルな概念を明確に拒否し、リベラリズムが前提とする社会構造を、平等権が主張されうる出発点としてではなく、政治的な問題とみなしている。……ようするにフェミニストは、他のラディカルとは異なり、リベラリズムの家父長制的性格という一般に無視されてきた問題を取り上げたのである。(Pateman 1989: 119)

それゆえ、フェミニズムとリベラリズムのあいだには根本的な緊張関係が存在する (cf. 岡野 2012: 116)。もっとも、ウィル・キムリッカが整理するように、社会思想における公私区分にはふたつの類型がある。第一に国家／市民社会という区分、第二に家庭／非家庭という区分である (Kymlicka 2002: 394=2005: 557)。フェミニズムによる公私二元論批判からリベラリズムを擁護する論者は、リベラリズムにおける公私区分は前者の類型であって、後者はリベラリズムから当然に導かれるものではないと主張する (井上達夫 2003; 野崎 2003)。

たしかにキムリッカも、第一の区分こそ、古典的リベラルが依拠してきたものだという。「リベラリズムは『〔市民〕社会の賛美』をともなっている。市民社会で諸個人が自由に形成・維持する私的(国家と異なる)結社は、政治的結社という強制的な統合体よりも有意義で望ましい、と想定するからである」(Kymlicka 2002: 388-9=2005: 557)。これに対し第二の区分では、市民社会における社会的圧力からの避難場所として、「愛」や「親密性」の場である「家族」が賞賛されている。それは古典的リベラルによってではなく、「主としてロマン主義者によって提起された」(Kymlicka 2002: 394=2005: 564)。

しかし、キムリッカも次のように補足するのである。

> とはいえ、現代のリベラルはロマン主義者の見解の大部分を受容し、ロマン主義における社会的圧力の重視を古典的リベラリズムにおける社

会的自由の重視と統合しようと試みてきた。……現代のリベラリズムは、社会生活という私的空間の保護だけではなく、個々人がプライバシーを保持しうる領域を私的空間内部に生みだそうとしている。現在では、リベラルにとって私生活とは、古典的リベラルが主張したように市民社会の制度への能動的参加であると同時に、ロマン主義者が主張したように秩序ある社会生活から個人的な場への撤退をも意味している。(Kymlicka 2002: 394-5=2005: 565-6)

現代にあって、「プライバシー」をめぐるリベラルな法的言説は、しばしば第二の公私区分によって正当化されている。キャサリン・A. マッキノンによれば、「プライバシーの法的概念は、妻に対する暴力、夫婦間のレイプ、女性を搾取する労働などの場を保護することができるし、じっさいに保護してきた」(Mackinnon 1987: 101=1993: 165)。リベラリズムは、第二の公私区分についても決して責任を免れえない。

さらに指摘しておきたいのは、そもそも第一の区分自体が、第二の区分を前提に成立してきたということだ。キムリッカは、国家／市民社会という区分の系譜についてジョン・ロックに遡ることができるというが (Kymlicka 2002: 394=2005: 557)、ペイトマンによれば、ロックは、「家族」を「政治」の外部におく思想の起源でもある (Pateman 1989: 120-1)。市民社会における政治的自由を主張するロックは、ロバート・フィルマーの王権神授説を批判する。絶対王制を支持するフィルマーが、国王の権力を家庭内における父の権威とパラレルに捉えるのに対し、ロックにおいて、政治権力は家長の権力とは異なり、自由な契約にもとづくべきものだと主張される (Locke [1690] 1823=2010)。

同様にトマス・ホッブズは、「設立によるコモンウェルス」と「獲得によるコモンウェルス」を区別し、前者は自由な合意による政治体制であり、後者は「出生と征服」にもとづくものだと論じる。そして「出生」という「獲

得によるコモンウェルス」、すなわち「家族」では、合意によらない支配も正当化されるという (Hobbes 1651=1954-1985)[2]。あるいはジャン=ジャック・ルソーも、「市民社会」については平等な人間の合意を説きつつ、「家族」における男性の権力を自明視する (Rousseau [1762] 1915=1954)[3]。国家／市民社会という第一の区分においても、「家族」は「市民社会」の外部に追いやられているのだ。

　リベラリズムの系譜のなかで、「家族」は文脈によって、「愛」の場とみなされたり（現代リベラリズムによる第二の区分）、「支配」の場とみなされたりしてきたが（古典的リベラルによる第一の区分）、それらは決して別個のものではない。「家族」が理念的には「愛情の場」とされることによって (cf. 落合 1989: 19)、性別分業やドメスティック・バイオレンスといった、「権力構造的諸関係」(Millet 1970: 23=1985: 69) が隠蔽されてきたからだ。結局、第一の区分においても、第二の区分においても、「家族」は「政治的なるもの」の外部におかれている。そして、社会空間としての公私二元論を構築し、かつそれによって構築されてきたのが、家庭役割を果たすべき存在として「女性」を主体化するイデオロギーであったのだ。

　こうした公私区分への異議申し立ては、1970年代以降、政治思想の内部でも徐々になされ始めた。それらは多様な理論的／思想的背景のもとに行われたが、とりわけフェミニズムによる問題提起は重要である。

2-2. 現代法哲学／政治哲学における公私の問い直し

　リベラリズムの思想的系譜において、20世紀末から現在まで大きな影響力をもっているのがジョン・ロールズである。近年のフェミニズム法哲学／政治哲学者の多くも、かれの議論を批判ないしは修正することで、自らの理論／思想を構築している。

　ロールズは、社会契約論を再構成し、「自由」と「平等」を諸個人による合意の結果として説明する。かれが仮説的に設定する「原初状態」において

諸個人は、社会の一般的状況については知っているが、自らの社会的属性（階層、「能力」の有無等）に関する知識をもたない。こうした「無知のヴェール」のもとでは、人びとは特定の属性をもつ者に有利／不利な取り決めをすることはない。ここから、各人の自由な平等という「正義」の「第一原理」と、社会的財の不平等配分は「最も恵まれない人の便益を最大化」し（格差原理）、かつ「公正な機会の均等」を満たす限りで許容される（機会均等原理）という「第二原理」が導かれる（Rawls 1971: 302=1979: 232）[4]。各人の「差異」に配慮することで、「平等」を実現する手段としての「不平等」の正当化が図られたのだ。

　スーザン・M. オーキンは、ロールズの議論に賛意を示しつつ、ロールズが家族内の正義を「前提」としていることを批判する（Okin 1989: 27=2013: 39）。ロールズは、伝統的なリベラリズム（かれ以前のリベラリストによる議論）とは異なり、「単婚家族 monogamous family」を「正義論」の対象たる「主要な社会制度」の例にあげている（Rawls 1971: 7=1979: 6）。しかしオーキンによれば、ロールズにおいて、「家族」内の正義が具体的に考察されることはない（Okin 1989: 94=2013: 152）。実際ロールズは、「家族的なもの」を「愛情に関わる」として、「政治的なもの」の外部に位置づけている（Rawls 2005: 137）。オーキンは、以下のように述べる。

　　フェミニスト的な読者であれば、次のように問わずにいることは難しい。この正義の理論は果たして女性にも適用できるものなのか、と。(Okin 1989: 91=2013: 147)

　そのうえで彼女は、「原初状態」仮説を「家族」の領域に拡張すべきだと論じる。「原初状態」にいる諸個人が、自らの性別について「無知」であれば、不平等な「家族」制度が選択されるはずはないという（Okin 1989: 101-9=2013: 164-76）。現在でも事実として、「家長」男性による妻子への「支配」

が存在するが、市民社会における「正義」を追求すべき人間を育成する場で、そのような人間関係が許されてはならないのだ。

　オーキンは、こうして公共領域／家族領域という二元論を問い直すのだが、同時にプライバシーの価値を保護するため、「親密圏」としての私的領域を重視する（Okin [1991] 1998: 133）。さらに彼女は、家庭におけるジェンダー平等の実現を「国家」に委ねようとする。たとえば、性別分業型の家族について「両方のメンバーが、世帯の収入に対して平等な法的権限をもつ」べきだとして、そのための「明確で単純な方法」として、「賃金労働者と不払いの家庭内サービスをすべて、もしくは大部分おこなっているパートナーとのあいだで平等に分割されるような給料小切手を、雇用者に発行させること」を提案する（Okin 1989: 180-1=2013: 292）。

　この点、コーネルは「オーキンの著作にみられる完璧主義的な傾向は、私たちの自由を掘り崩す危険がある」（Cornell 1998: 95=2001: 172）という。たしかに、公的領域における特定の「正義」を前提に、それを私的領域に適用するのみでは、従来の公私区分を維持したまま、私的領域を公権力に従属させることになる。そこでは、オーキン自身の政治的意図はともかくとしても、既存の規範や公権力への批判的視座は失われてしまうだろう。とくにコーネルは、オーキンのいう「倫理的な家庭」が異性愛主義を背景としていることを問題にする。

　　オーキンの示唆するところでは、平等な立場にある母親と父親に率いられた家族は、市民にとって最高の「トレーニング場」である。このように示唆することによって彼女は、暗示的に、ゲイやレズビアンの家族が、効果のないトレーニング場であると定義していることになる。（Cornell 1998: 94=2001: 171）

　これに対し、よりラディカルに「法的カテゴリーとしての婚姻」の廃止を

訴えるのがマーサ・A. ファインマンである。ファインマンは、リベラリズムにおける自律した主体という想定が、結局は公的領域を担う成人男性をモデルにしていると指摘する。そして、ケアや依存のユニットである「母子関係」を「自然」な「親密性」の基礎単位と考えるべきだという（Fineman 1995: 231=2003: 19）。

> 私たちがあらたに再定義した家族のカテゴリーのもとでは、依存の必要な弱者をそのケアの与え手によりそって位置づけている。ケアを与える家族を保護された空間とし、国家から特別に優遇される処遇を受ける権利をもつものとする。
> 新しい家族の境界は依存的な存在を中心に引かれ、家族のプライバシー概念の境界ともなる。この（家族）単位は、社会資源に対して正統な請求権をもつ。（Fineman 1995: 231=2003: 254）

ファインマンは、「家族とセクシュアリティを混同する」こと、すなわち彼女のいう「性的家族」のモデルを批判し、「母子」という「性的でない親密性の組織こそ、法と政策が保護し、優遇すべき」だと述べる（Fineman 1995: 5-6=2003: 19-20）。

本書においても、法律婚を中核とした家族関係（ファインマンのいう「性的家族」）に特権を与える婚姻制度は否定される。しかしファインマンが、「婚姻モデル」の棄却を強く主張しながら、それにもかかわらず、再び特定の「親密圏」を規範化してしまうとき、コーネルによる次の批判は極めて正当であるといわなければならない。

> 私が賛成しない点は、ある種の親密性を他種の親密性より特権化する基底的規範を国家が押しつけるようなことがあってはならないということである。……国家がセクシュアリティと親密性を強制的に合流させる

べきでないという議論と、法的特権を与えられる家族の新しい基礎的単位では親密性とセクシュアリティが分離されねばならないという命題の弁護とは別物である。(Cornell 1998: 115-6=2001: 204-5)

　このように、現代の法哲学／政治哲学におけるリベラリズムとフェミニズムの対立は、公私の関係をめぐるポリティクスとして把握できる。とくにフェミニストの法学者／政治学者らは、「私的領域」たる性別分業型の「家族」の変容を、法や政策の課題とみなしてきたのである。

3.「イマジナリーな領域」概念の再構成
3-1.「親密圏」から「イマジナリーな領域」へ
　これまで多くの社会理論において、近代の「市民的家族」は、「親密圏」なる概念で特徴づけられてきた（e.g. Habermas 1990: 90-107=1994: 64-72）。第二波フェミニズムの問題提起は、こうした「親密」な関係（性愛の問題）における権力の存在を暴露したのである。だが一方で、フェミニズムの批判を受けた後に、「親密圏」あるいは「個人的な領域」をいかに捉え直すべきかという課題も浮上している。本書でのこれまでの議論をふまえるとき、これらは結局、「主体」観についての問題とそのまま重なってくるといえるだろう。それはまた、フェミニズムによる「家父長制」批判と、「性愛という領域の固有性」についての「一人一人の自由な選択」（吉澤 1997: 22／24）の関係を問うものでもある。

　吉澤夏子は、「『女であること』の根源性に立脚しつつ、『女であること』に根ざす現実の悲惨に囚われることなく、『個人的なものの領域』を個人的なままにとどめておく、という選択」（吉澤 1997: 19）を主張する。彼女によれば、「性関係はすべて性差別である」というラディカル・フェミニズムの主張は、最終的に斥けられる[5]。

私たちの社会には、端的に言って、性関係が性差別であるしかない——性交がすべて強姦である、性交と強姦の区別がない——という現実もあるが、また平等な性関係——「やさしさと感受性」に溢れた平等な性関係——を享受しうるという現実もあるのだから。(吉澤 1997: 19)

　しかし、私たちが女／男として位置づけられること自体が、性差別のシステムによるものであった。また、吉澤自身が認めるように、「個人的なもの」の「『境界』をめぐってさまざまな軋轢が生じ、社会的な議論が巻き起こることもあろう」(吉澤 1997: 24)。

　前述のコーネルにおける「イマジナリーな領域」という概念は、こうした問題に示唆を与えてくれる。コーネルは、ロールズが「一部の不平等」と「人格の価値」を「調和」させている点を評価しながらも (Cornell 1998: 88=2001: 162)、ロールズの「原初状態」仮説を批判する。ただし、それはオーキンやファインマンとは異なる角度からである。

　　ロールズは、まずもって人格になるための同等な機会が私たちに与えられるように、私たちが象徴的に結集するためには、私たちにはどのような条件が必要なのかという問いには取り組んでいない。(Cornell 1995: 17-8=2006: 22)

　そもそも「人格」であるとは、社会のなかで「差異化」されているということだ。ロールズは「差異」を主題化したが、その際、「差異化」される以前の「人格」が想定されてしまっている。それゆえ「無知のヴェール」は、結局のところ、従来の政治思想が前提としてきた異性愛の成人男性を基準とすることになる (cf. Cornell 1998: 91=2001: 167)。

　したがってコーネルは、私たちが「性化された存在 sexed being」であるというところから議論を組み立てる。私たちは、「性」にかかわる「ペルソナ」

をつねにすでに被っているのだ (Cornell 1998: 7=2001: 23-4)。もっとも、カント的な「人格」概念を再構成し、人格を「ペルソナと折り合いをつける終わりなきプロセス」(Cornell 1995: 5=2006: 5) と捉えるコーネルにとって、私たちが何者であるかは、決してアプリオリに固定されたものではない。彼女は、自らの理論が「本質主義」と評価されることを慎重に避けようとするのだ。むしろ、「最初から人格であるという前提に立つ」のではなく、「個体化のためのミニマルな条件」こそが問われなければならない (Cornell 1995: 18=2006: 23)。

それゆえ彼女は、ジュディス・バトラーへの積極的な同意を表明している。「ジェンダー・アイデンティティが私たちを規定することはできない以上、『ジェンダー・トラブル』は、バトラーがフェミニズム理論にもたらした福音であり、自由のための空間を開くものである」(Cornell 1998: 70-1=2001: 138)。そのうえで、次のようにも述べるのである。

　　しかし、ジェンダー・トラブルに含意されているような、つねに私たちに開かれている自由のための空間という法的な理念を、バトラーは分節化していない。(Cornell 1999: xxiv=2003: 20)

この立場から彼女は、自分が何者であるかを自由に表象でき、かつ自由に再想像することのできる「道徳的空間」として、「イマジナリーな領域」という概念を提示する。

　　諸々の性的表象やペルソナを自由に探索できる場所、それがイマジナリーな領域なのだ。
　　……イマジナリーな領域とは、もしも私たちが、私たち自身を目的とし、私たち自身を人格として主張すればどうなるか想像をめぐらせることのできる「かのように as if」の空間である。(Cornell 1998: 8=2001: 25)

コーネルにとって「自由 freedom」とは、〈何者かである私たち〉にとっての自由というよりは、むしろ、〈何者であるのか／ないのか〉をめぐる自由なのである（esp. Cornell 1995: 4-5=2006: 4-5）。ここには、当然、誰とどのように親密な関係を結ぶのか／結ばないのかという問題も含まれている。「イマジナリーな領域においては、いくつかの想像上の関係様式が思考され、これらの様式は私たちが親密な関係を打ち立てる方法を具体化する助けになる」（Cornell 1998: 43=2001: 87）。

「イマジナリーな領域」は、ジャック・ラカンの「想像界」をもとに定式化された「心的な道徳空間」であって、特定の社会空間（たとえば「家族」）を意味するものではない（esp. Cornell 1995: 7-8=2006: 8-9）。しかし、それは単に個人の内心の問題にとどまるものでもない。「イマジナリーな領域は、伝統的な法理論が性的なプライバシーと名づけてきたものをより深く照らし出す」（Cornell 1995: 8=2006: 9）。法学者であるコーネルの関心は、国家や法が、「イマジナリーな領域」をいかに保障すべきかという点にある。彼女によれば、「個人の形成のための最低条件としての身体的統合性の国家的保護」（Cornell 1998: 54=2001: 103）が必要である。

つまり、「自由」の実質的な実現可能性の「平等」を問題にしているのである。保護されるべきなのは、それが「性愛という領域」だからではなく、個人の「イマジナリーな領域」であるからなのだ。

3-2.「イマジナリーな領域」と「社会的なるもの」

コーネルの議論は、ロールズに代表されるリベラリズムとの対比で、しばしば共同体論的なものと捉えられる（cf. Barnett 1998: 115）。リベラリズムの論者は自律的主体を理想化するが、コーネルや共同体論者は主体形成を社会的文脈のなかで把握するからである[6]。コーネルも「私自身の見解が、コミュニタリアニズムやそのラディカル個人主義批判とある密接な関係をもってい

る」(Cornell 1995: 38=2006: 51) と述べる。

　しかしながら共同体論者が、伝統、家族、国家など、共同体の価値を尊重するのに対し、コーネルはフェミニズムの立場から、既存の共同体秩序を批判する[7]。しかも彼女は、望ましいアイデンティティのスタイルや、現行の「家族」に代わる「親密圏」を設定しようとはしない。コーネルは「イマジナリーな領域の『内容』を、国家に監督してほしくはない」(Cornell 1998: 95=2001: 172) という。「理想」を固定化しないことが、「イマジナリーな領域」という概念の意義なのだ。

　ただし、コーネルの理論的欠点をも指摘しなくてはならない。彼女はリュス・イリガライを参照しつつ、「女性的なるもの the feminine を肯定」すべきだと述べている (Cornell 1995: 7=2006: 8)。「イマジナリーな領域」において女性が「身体的統合性」を取り戻すためには、「性的な想像界 sexual imaginary」のなかで「女性的なるもの」を語り直す必要があるという。つまり彼女は、「女性的なるもの」をメタファーとして再形象化することで、家父長的な象徴界秩序を攪乱しようとするのである (Cornell 1999: 148=2003: 328-9)。しかし、なんらかのカテゴリーに依拠した解放の戦略は、起源としての「共同性」を再び立ち上げてしまう危険性があるだろう。「女性的なるもの」へのこだわりは、「イマジナリーな領域」概念の意義を削ぎ落としてしまうのではないだろうか。

　一方、バトラーのいう「批判的脱主体化」は、メトニミーによるカテゴリーの絶えざる置換を強調するものといえる[8]。かかる視点にもとづけば、またコーネル自身も、人格の「再想像」が何度でも保障されるべきだと述べていることに鑑みれば (Cornell 1998: 186=2001: 315)、「イマジナリーな領域」をメトニミーを可能にする（心的）空間として再定義すべきだろう。

　このように解したうえで、ここで「イマジナリーな領域」を、エルネスト・ラクラウのいう「社会的なるもの the social」と接続したい[9]。ラクラウにおいて、主体が完全に固定されること、つまりは言説編成としての社会が最終

的な縫合にいたることは不可能であった。

> アイデンティティは純粋に関係的なので、これはつまるところ、完全に構成されたアイデンティティなどない、というに等しい。
> ……すべての全体性の不完全な性格は、必然的に、縫合され自己規定的な全体性としての「社会」という前提を、分析領野としては放棄するよう、私たちを導く。(Laclau and Mouffe 1985: 111=1992: 178)

そして、完全には縫合されえない「意味の余剰」によって、別のアーティキュレーションが可能になる。ここにヘゲモニーが存在しうるのである。「社会的なるもの」は、このような社会の非固定化（偶発性）と、他方での部分的な固定化（必然性）との関係において構成される（Laclau and Mouffe 1985: ch. 3=1992: 第3章）。つまり、「社会的なるもの」の論理によって、現在の社会のあり方が解体され、あるいは別様の社会のあり方が（部分的に）構築される。前述のように、当初ラクラウは「主体」を「言説構造の内部での『主体位置』」(Laclau and Mouffe 1985: 115=1992: 185) とみなしていたが、その後、「主体」は不可避的に切断線を引かれていると考えるようになる[10]。その際、ラクラウは、スラヴォイ・ジジェクとの議論をふまえ、「現実界」概念を自らの理論に積極的に導入するのである。

> もし象徴界が社会的生のすべてであるとしたら、社会の論理と社会実践とは完全に重なり合うだろう。しかし誰もが知るように、社会実践には、制度化されたパフォーマンスによる象徴界の実体化以上のものがある。われわれの分析では敵対性の契機があり、これは……社会の客観性の一部ではなく、社会が自らを構成するにあたっての（象徴界の）客観性の限界である。われわれの敵対性の分析はラカン理論から直接きているわけではないが、かなりの程度ラカンの《現実界》、象徴化に抗う究

極の核という考えと重なっている……。(Butler et al. 2000: 77=2002: 106〔ラクラウ執筆部分〕)

つまり、「〈現実界〉は、象徴化に抵抗する硬い頑固な核である」(Žižek 1989: 169=2000: 257)というジジェクの主張が、ほぼ反復されている。したがってバトラーは、ジジェクへの批判と同様の指摘を行うのである。バトラーによれば、ラクラウのいう「アイデンティティの『不完全さ』は、ラカン派の《現実界》に収斂させることはできない」(Butler et al. 2000: 33=2002: 52)。本書での考察をもとに再解釈すれば、ラクラウのいう「社会的なるもの」の機制は、(「現実界」ではなく)「パフォーマティヴィティ」の「時間性」として把握すべきだろう。

とすれば、私たちが何者であるのかを再想像する空間としての「イマジナリーな領域」を保護することは、別の社会の可能性に向けて「社会的なるもの」を開いておくことを意味する。本書では、社会空間のパフォーマティヴな構築を、主体化の過程と捉えている。したがって、「イマジナリーな領域」を保障することは、社会空間のあり方を問い直すことにほかならない。

もっとも、吉澤のいうように、当事者が選択した「親密」な関係に、外部の基準を押し付け介入するのは、「余計なお世話」(吉澤1997: 23)でしかない。コーネルもまた、次のように述べている。

> 法はいかなる個別の人格に対しても、何が現実の自由を構成するのか実質的な定義を与えることはできない。なぜならそうすることは、性に関わる存在 sexuate being としての彼女の自己表象の権利を侵害することになるからである。(Cornell 1998: 24=2001: 47)

だが、「個人的なものを社会的なものへと解き放っていく回路が、とにかくいったん閉ざされて」(吉澤1997: 24)しまえば[11]、そもそも「自己表象の

権利」は保護されえない。私たちが何者であるかを再想像することは、別の社会のありようを夢見ることでもある。「政治のヘゲモニー的次元は、社会的なるものの開かれ非縫合的な性格が増大するときにのみ、拡大するのである」(Laclau and Mouffe 1985: 138=1992: 219)。

　吉澤は、「個人的なことは政治的である」という主張に一定の意義を認めつつも、それを「絶望の思想までは本当にあと一歩」(吉澤 1997: 18) だという。吉澤において、「絶望」は避けるべきもののようだ。しかし「絶望」の先にこそ、つまりは徹底的な政治化のなかにのみ、私たちは、かろうじて「希望」を見出しうるのではないだろうか。

4. DV 政策と公私の再編
4-1. DV の社会問題化

　ここまでの考察を前提として、以下では、「批判的脱主体化」を可能にするために、法や制度はいかにあるべきか／あってはならないのかを論じたい。脱構築的な理論／思想は、具体的現実への応用に乏しいとみなされることがある。バトラーに対するマーサ・C. ヌスバウムの批判は、まさにその典型であった[12]。だが、こうした理念的作業こそが、社会的現実への批判的介入を可能にするのだ。そこで、近時の DV 政策を事例として、本書の理論的視点から規範的判断を示しておこう[13]。

　「ドメスティック・バイオレンス」は、1970 年代に欧米で展開された「暴力を振るわれた女性たちの運動 Batterd Women's Movement」などにおいて使用されるようなった概念である。当時、第二波フェミニズムは、夫や恋人などによる女性への暴力を、「構造的な性差別として再発見・再定義」した (戒能 2002: 6-7)。こうした流れと前後して、日本でも「夫の暴力」を告発したり、「シェルター」の開設を要求したりする運動が存在した (ゆのまえ 2001)。しかし、「愛情装置」(山田 1999) としての「近代家族」のあり方は、DV の存在を長らく隠蔽してきたのである[14]。その後、国際的には 1990 年代以降、

DVが徐々に社会問題として認識されるようになる。1993年12月、国連総会で採択された「女性に対する暴力の撤廃に関する宣言」は、各国政府が「女性に対する暴力」の撤廃に関する義務を負うことを明記した（第4条）。同宣言は、「女性に対する暴力」について、「家庭において発生する身体的、性的および心理的暴力」（第2条(a)）を含むとしている。また、1996年4月に国連人権委員会で「歓迎」の決議がなされた「クマラスワミ報告書」のうち、「家庭内暴力報告書」は、「人権侵害としてのドメスティック・バイオレンス」に焦点を当てている。同報告書も、身体的暴力以外の「言葉による心理的虐待、社会的移動の制限と統制、経済的資源の剥奪」の深刻さに言及する（Coomaraswamy 1996=2000）。

　こうしたなか、日本でも2001年4月、「配偶者からの暴力の防止及び被害者の保護に関する法律」（いわゆる「DV防止法」）が成立し、その前文において「配偶者からの暴力は、犯罪となる行為である」と明示された。また前文は「配偶者からの暴力の被害者は、多くの場合女性」であるとして、「男女平等の実現を図る」ことの必要性を述べている。すなわち同法は理念的には、①公私二元論、②ジェンダー非対称性という近代社会の構造に介入するものといえる。同法は同年10月に施行され、その後2004年5月（同年12月施行）、2007年7月（翌年1月施行）、2013年6月（翌年1月施行）と3度の改正を経て、現在に至っている[15]。

　DV防止法は、「保護命令」制度と「配偶者暴力相談支援センター」の設置を大きな柱としている。保護命令制度は、被害者が配偶者からの身体的暴力によって「生命又は身体に重大な危害を受けるおそれが大きいときは」（第10条1項）、裁判所は、被害者の申立てにより、相手方に対して、①被害者の身辺に接近しないこと（接近禁止命令〔第10条1項1号〕）、②被害者と共に生活していた住居から退去すること（退去命令〔第10条1項2号〕）、を命じることができるとするものである。また「相談支援センター」は、被害者の支援を目的とした機関であり、その機能は、婦人相談所などの既存の

施設が果たすとされる（第3条）。相談支援センターでは、保護命令申立てのサポートも行っている。

DV防止法の意義として、まず、DVを可視化させたことがあげられる。今日、「ドメスティック・バイオレンス」という言葉は、一定の市民権を得つつある。また、DVの問題を扱う弁護士らによれば、同法成立後は、被害者本人も、自身のおかれた状況をDVという視点から説明するようになったという。実定法は、「道具的機能」のみならず、「象徴的機能」を有しているが（cf. 神長1998）、DV防止法は、DVの社会問題化という点で、この象徴的機能を果たしたといえよう。

さらに保護命令については、「速やかに裁判をするもの」（第13条）とされ、違反した場合の刑事罰も規定されていることから（1年以下の懲役又は100万円以下の罰金〔第29条〕）、具体的実効性も期待されている。実際、現実的な効果も確認されているようだ。

しかし他方で、課題も残っている。証拠がそろっているケースでも、とくに退去命令は認められにくい傾向にあるという。現職の裁判官が次のように述べ、退去命令の発令に消極的な姿勢を示しているのは、かかる現状を物語っているだろう。

> その間の相手方の行き先について関知しないまま、2か月もの間、住居を去るよう命じることは、保護命令制度を運用する一裁判官の率直な感想として、到底できないというのが正直なところである。（常盤2004: 65）

保護命令の期間について、2001年成立の旧法では、退去命令が2週間、接近禁止命令が6ヶ月と定められていたが（第10条1項1号、同2号）、2004年の改正で、退去命令の期間が2ヶ月となった（第10条1項2号）。だが、依然として不十分だという意見もある。この期間中に被害者が新たな

生活の基盤を構築することは、極めて困難だからだ。

またDV防止法は、「配偶者」について「婚姻の届出をしていないが、事実上婚姻関係と同様の事情にある者を含」むと定義している（第1条3項）。法律婚に限定しない点は画期的であったが、同性パートナーの場合、「事実上婚姻関係と同様の事情にある者」とは認定されない可能性が高い。もっとも2013年改正法では、「生活の本拠を共にする」交際相手からの暴力についても、この法律が準用されることとなり、保護の対象がより広くなった（第28条の2）。ただし「婚姻関係における共同生活に類する共同生活を営んでいないものを除く」という制限があり（第28条の2）、同性カップルに対して適切な支援がなされるかは未知数だ。

これまでも相談支援センターにおいて、同性カップルやトランスジェンダーの人たちからの相談には、十分に対応できないという問題が指摘されている。

法や制度が、何らかのカテゴリーを用いて人びとの権利を保護しようとするとき、そうしたカテゴリーから排除された権利のあり方にも目を向けなくてはならないだろう。

実際、ある離婚事件では、「性的暴力」についてDVには該たらないとして、違法性が認められなかった。この事案では、判決が直接的にDV防止法を適用しているわけではない。しかし、「暴力」の定義を「身体に対する不法な攻撃」（第1条1項）に限定していた（旧）DV防止法の存在が、DVの範囲を狭く捉えるように、「かれら〔裁判官〕の頭を作ってしまった」のではないかと担当弁護士は述べている。ここでは、DV防止法のいわば「象徴的逆機能」も問題となっている。

このように、近年のDVをめぐる政策は、従来の公私関係の再編を促すものであるが、同時に不徹底な部分も抱えているといえる。それゆえDV政策やそれをめぐる議論は、リベラリズムとフェミニズムの関係と同様に、公私関係の再定義をめぐるポリティクスとなってきたのである。

4-2.「脱＝(近代)家族」という実践

　公的領域における法の実効性は、国家権力によって担保される。それゆえリベラリズムの原則は、自由な市民社会を守るため、国家権力の発動を制限することにあった。とくに、私的領域たる家族への公権力の介入は、抑制すべきものとされてきた。だがフェミニズムが明らかにしたように、それはプライバシーの保護であると同時に、家父長制支配を維持するものでもあった。ここで、公権力の私的領域への介入はジレンマに直面する。政策的対応を怠れば、私的領域における暴力支配を追認することになってしまう。だが、公権力の介入は管理の増大を意味するのだ。

　とりわけ、保護命令制度については、相手方の権利を直接に制限するものであるため、激しい議論の的となってきた。前述の裁判官も、「相対立する権利相互間の調整」、「相手方の不利益について〔の〕十分な検討」（常盤 2004: 65-6）の重要性を強調し、次のように述べている。

　　　長期間自らの住居からの退去を命ずることは、具体的事例にもよるが（例えば相手方において退去命令期間中の住居の確保が容易である特段の事情があるような場合）、多くの事例は憲法22条1項（居住の自由）、29条（財産権）の規定に抵触するのみならず、25条1項（生存権）にも抵触することは、もはや否定できないのではないか。（常盤 2004: 65）

　フェミニズムが告発してきたことのひとつに、「権利」「人権」「自由」といったリベラリズムの概念が、結局は男性中心的に構成されてきたという問題がある。それゆえ、この裁判官の主張は、フェミニズムへの「無理解」として批判されるかもしれない。実際、同裁判官が、「〔相手方が、退去命令の期間中〕宿泊施設に滞在するにしても、……相当の出費を余儀なくされる」（常盤 2004: 63）と述べるとき、DV被害による権利侵害を軽く見積もっている印

象を受けざるをえない。被害者の「生命又は身体」（第10条1項）の保護よりも、加害者の経済的権利を優先するのは、明らかに均衡を逸しているだろう。

他方で、現在のDV政策が不十分であるとする論者からは、積極的な取締りや厳罰化も主張される。

> 私は、ドメスティック・バイオレンス（DV）に対する法政策で最も重要なことは、ドメスティック・バイオレンスが……犯罪を構成する場合には、たといかなる理由で行なわれた行為であろうとも、たとえ被害が軽微であろうとも、……刑事上、民事上、婚姻法上等あらゆる法分野において、加害者が法的責任を問われることであると考える。（小島 2002: 473）

たしかに、家族内部の出来事だという理由で、家族外であれば犯罪とみなされるような行為が放置されるべきではない。リベラル派刑事法学者が、家族は「人間社会の最も基礎的単位である親子・夫婦などの愛情を中心とする人間関係」（小田中 2006: 137）であるから、公権力は介入すべきではないと論じるのであれば、それは適切でないだろう。家族についてのそのような前提自体が、もはや疑問に付されているのである。

しかしこのことは、公権力の無批判な拡大を容認するものであってはならない。日弁連や刑事法学者たちが危惧するように、「安易に警察に依存することは戒められるべきである」（日本弁護士連合会編 1995: 462）し、「警察消極原則、刑法謙抑主義、罪刑法定主義や適正手続などの憲法的近代刑事原則」（小田中 2006: 137）は厳守されなくてはならないと考える。

家族の不可侵性にこだわることも、国家権力を肥大化させることも、ともに適切な対応とはいえない。前者は、暴力を放置することで、被害者の「イマジナリーな領域」を侵害するものであり、後者は、各人の「イマジナリーな領域」を国家が支配するものとなる。換言すれば、前者は、私的領域を主

体化（権力）の外部とみなすものであり、後者は、望ましい主体のあり方を固定するものといえる。両者とも、「批判的脱主体化」の可能性を閉ざしてしまう。

したがって必要なのは、現在の公権力を前提に、どの程度まで私的領域に介入すべきかという議論ではない。むしろ、公私を区分してきた権力そのものの攪乱が求められる。

近代において、女性は私的領域に配置され、公的領域では「正当な」参加者たる資格を有するのは困難であった。また、私的領域としての「家族」は権力とは無縁の場と捉えられ、そこでの女性の抑圧は不問にされてきた（落合 1989; 上野 [1990] 2009）。こうした近代社会の空間編成、すなわち異性愛家族の規範化とジェンダー非対称性が、DVを発生させ、その解決を遅らせてきたのだ[16]。

異性愛家族を前提とする社会では、そこから外れた者は相対的に不利な立場となる。とくに、DVから逃れてきた女性が、「家族」の外で新たな生活を始めるのは容易ではない。性別分業にもとづく日本社会において、離婚後の女性は、労働市場においても厳しい状況におかれる。「単身で暮らす女性の地位（社会生活）が保障されるようにならないと、身近な関係で起きている暴力の現場から、女性が立ち去ることができない」（鈴木・石川 1999: 135）。また、外国人の場合は、在留資格の問題に突き当たる。たとえば、「日本人の配偶者」の資格で在留許可を得ている場合、資格更新手続は夫の協力がないと困難である。日本で暮らすことの条件として、しばしば「家族」をもつことが要求されるのだ。

DV政策において、対象となっているのは「家族」内部の暴力である。しかし、「家族」を問題にする際、「家族」というカテゴリーを所与としたため、結果的に家族規範を前提とし、あるいは再生産してしまう傾向があった[17]。

だとすれば、それが統計上の多数派であったとしても、法的な婚姻関係のなかでの暴力のみを、保護の対象とするのは妥当ではない。相談支援センター

においても、レズビアンやトランスジェンダーなど、いわゆる「マイノリティ」の人びとの被害に対応できる態勢が求められる。ようするに、理想的な家族関係からの「逸脱」現象として DV を位置づけ、再び規範的な家族のあり方を設定するようなことは望ましくないのだ。DV の問題は、家族制度のあり方自体を捉え返す契機と考えるべきだろう。

つまり、特定の内容をもった社会空間に特権的な価値を与えるのではなく、むしろ、主体や空間のあり方について、つねに（潜在的に）他の可能性を担保しておくような社会的条件が必要なのである。バトラーが述べるように、ヘゲモニーの「実現可能性の新しい土台を求めることは、静態的で目的論的な結論として政治『目標 end』を追求することではない」(Butler et al. 2000: 162=2002: 218)。

5. おわりに

しばしば論じられ、そして本書でも指摘してきたが、近代において女性は公的領域から排除され、私的領域たる家内領域に追いやられてきた。この公私二元論は、異性愛家族の特権化と表裏一体である。本章では、こうした社会空間のあり方に着目して、「批判的脱主体化」の可能性を模索した。その際、コーネルのいう「イマジナリーな領域」を「批判的脱主体化」の契機として位置づけ直している。

近年日本でも、「家族」「親密圏」「私的領域」における暴力規制のあり方が議論されている。それらの領域は、とくにリベラリズムの諸理論によって、政治や権力の「外部」と捉えられ、そこでのジェンダー的不公正は見過ごされてきた。DV を発生させ、解決を遅らせてきたのも、かかる社会構造やイデオロギーといえよう。フェミニズムによる公私二元論批判は、こうした状況を問題にしてきたのである。

しかしながら、このことは公権力の無批判な拡張を正当化しない。家内領域を不可視化してきた法／制度を問い直す際、法／制度の単なる拡大が既存

の社会規範を再生産・強化してしまう危険性にも注意しなければならない。公権力を所与の前提にするのであれば、公私区分そのものは問い直されないことになるのだ。

そもそも異性愛主義やジェンダー的不公正は、私的領域にのみ存在するのではない。既存の公権力を拡大するだけでは、「批判的脱主体化」の契機たる「イマジナリーな領域」は保障されない。不正義は、構造的レベルで問題化されるべきだ（cf. Young 1990: ch. 1）。公私を貫く権力全体への批判的視座が必要である。

【注】
(1) ここでの問題意識は、大貫挙学（2005a）にもとづいている。また本章3節は、大貫挙学（2005a: 第Ⅲ節）を、その後の研究展開をふまえて、大幅に加筆修正したものとなっている。
(2) もっとも中山道子は、ロックが、父権の及ぶ範囲やその内容を限定的に捉えていたことなどから、「『政治の領域』に着目する場合に、『フィルマー』対『ホッブスとロック』という対立軸（『道徳的家父長制』論対『反道徳的家父長制』）を描いた三者だが、家族理論に着目するならば、実は、『フィルマーとホッブス』対『ロック』という新たな座標軸が浮かび上がることになる」（中山 2000: 81）と論じる。
(3) ルソーの「性差別」については、水田（[1979] 1994: 第2章）も参照。
(4) 「正義」の「第二原理」は、一般に「アファーマティヴ・アクション」の理論的根拠とされている（土屋 1996）。なお、ロールズの『正義論』には1999年の改訂版があるが（Rawls 1999=2010）、ここでは、フェミニズム法哲学／政治哲学がロールズをどのように評価したのかを検討するため、その対象となった1971年版（Rawls 1971=1979）を引用・参照する。
(5) 吉澤夏子によるラディカル・フェミニズムの主張の整理については、第4章2節でも紹介した。
(6) たとえばマイケル・J. サンデルは、リベラリズムの人間観を「負荷なき自我 the unencumbered self」と呼び、それを批判する（Sandel 1996=1999）。あるいは、アラスディア・マッキンタイアは、自我の「物語的統一性」を重視する（MacIntyre

1984=1993)。
(7) もっとも岡野八代は、共同体論によるリベラリズム批判に、フェミニズムの立場から一定の意義を見出している(岡野 2009: 第3章)。
(8) メタファー(隠喩)とメトニミー(換喩)の区別・関係は、次のように整理できる。「メタファーは性質の類似を利用して、ある語を別の語のかわりとして、その語の本来の意味とは別の意味で用いる用法と定義される(『君はぼくの太陽だ』)。メトニミーの概念はやや曖昧で議論の余地を残すが、一般に、語によって指される事物・事態どうしの接触・包含・因果関係を利用する用法とされる。より具体的には、原因のかわりに結果(およびその逆)、内容のかわりに容器、物のかわりに地名(所在地や生産地)などを用いる表現がここに分類される(『大関に土がついた』、『お銚子をもう1本ください』)」(神郡 1996: 73)。メタファーは、概念の類似性に、メトニミーは、概念の近接性にもとづくとされる。

なお長野 (2003) は、コーネルの「メタファー」を、バトラーによる「抵抗としてのパロディ」と対比的に論じている。ただし、両者を「抵抗のあり方」として「相補的」とみなす点で(長野 2003: 83)、本書とは立場が異なっている。
(9) 詳しくは、大貫挙学 (2014b) を参照。同論文では、「パフォーマティヴィティ」の「時間性」を軸に、バトラー、コーネル、ラクラウらの理論を再解釈することで、それらを連続的に捉える視点を提示した。
(10) この点については、第4章4節も参照。
(11) 吉澤は、「『個人的なことは政治的である』というテーゼに含まれる『政治的』とは、アレントのことばでいう『社会的』という意味である」(吉澤 2012: 2) と述べる。ハンナ・アレントによれば、古代ギリシアの都市国家では、「公的」領域は、市民権を有する者が、自由に政治活動を行う空間であった。他方、「私的」領域たる家(オイコス)は、生存のための必要に支配された場であり、そこでは、家長男性が、女性や奴隷をパターナリスティックに管理することが許されていた。さらに近代になると、「社会的なるもの the social」が勃興し、「公的なもの」と「私的なもの」の双方を征服するようになる。「社会的領域は、一定の共同体の成員をすべて、平等に、かつ平等の力で、抱擁し、統制するに至っている」(Arendt 1958: 41=1994: 64)。ここでの「平等」は「画一化」であって、存在のユニークさや個性が認められていない点で、アレントが好意的に描く「公的領域」における「平等」とは異なっている。アレントの議論

をもとに吉澤は、フェミニズムのいう「個人的なことは政治的である」とは、「均質的で画一的な『同じものの平等』」を『個人的なこと』にそのまま拡張せよ、ということである」（吉澤 2012: 7）と論じる。

　これに対し筆者は、（あえてアレントの用語を使えば）「個人的なことは政治的である」とは、アレントのいう「社会的なるもの」への批判・抵抗を前提に、「私的」とされるものが、「社会的なるもの」の諸力から決して自由ではないことを指摘したものと解釈している。

(12) ヌスバウムのバトラー批判については、第1章4節を参照。

(13) 以下の議論は、渡辺編（2005）の研究成果、および大貫（2005b）にもとづき、さらにその後の法改正等をふまえたものである。

(14) 山田昌弘によれば、近代家族においては「『家族責任を負担すること＝愛情表現』というイデオロギー」（山田 1994: 65）が成員の行為に規範的意味を与える。女性の家事労働の無償性や性別分業、さらには DV の存在は、この愛情規範ゆえに問題化されにくいのである。

(15) DV の定義は当初、身体的暴力に限定されていた（第1条）。その後、2004年改正法では、DV に精神的・性的暴力が含められるようになった（第1条）。それにともない、前文の「配偶者からの暴力は、犯罪となる行為である」という文言は、「配偶者からの暴力は、犯罪となる行為をも含む重大な人権侵害である」という表現に改められた。また元配偶者に対する保護命令や、子どもへの接近禁止命令の規定が新設され、退去命令の期間は 2 ヶ月に延長された（第10条）。2007年改正法では、保護命令の対象に「生命等に対する脅迫」が加えられ、保護の範囲が「被害者の親族」等にまで拡大された（第10条）。保護命令の内容、および 2013 年改正法については、本文を参照。

(16) 角田由紀子は、「女性に対する暴力を根絶することと、法律婚の廃止とは深い関係にある」（角田 2004: 62）と主張する。

(17) 大貫・藤田（2012）は、DV 被害女性が夫を殺害したとされる事件を取り上げ、動機の構成という点から、刑事司法過程における家族規範を考察している。裁判で弁護人は、被告人の行為を、DV から身を守るためのものだったと主張した。しかし判決においては、被告人の「不倫」に対する非難ゆえに、弁護人の動機理解が否定された。つまり本件においては、「近代家族モデル」の犠牲者たる被告人が、「家族」規範からの「逸脱」ゆえに処罰されたといえるだろう。さらに大貫挙学（2014a）では、本件を類似の事案と比較検討しな

がら、刑事裁判における DV 被害の扱われ方を論じた。
　また大庭（2009）は、社会構築主義の観点から、家族についての「常識」が DV の問題化を妨げていることを明らかにしている。

終章　要約と結論

　本書は、ジュディス・バトラーの「パフォーマティヴィティ performativity」概念を導きの糸として、主体化と排除、社会の偶発性との関係を検討するとともに、異性愛主義や性差別の物質性を考察してきた。議論を総括しよう。

(1) 言語と主体
　第Ⅰ部においては、バトラー理論をやや内在的に検討しつつ、主体化やそれにともなう他者の構築／排除の機制を論じた。
　第1章では、ジェンダー研究の系譜にバトラーを位置づけ、バトラーの「主体」観の特徴を確認した。
　ジェンダー概念の展開は、性別の社会性や、その背後にある権力関係を問題化する歴史だったといえる。そして、このような視点を前面に押し出した論者として、バトラーがあげられる。バトラーは、主体が絶えざる構築過程にあることを、「パフォーマティヴィティ」という概念で説明する。とくに彼女が強調するのは、ジェンダー・カテゴリー自体が社会的に構築されているということである。バトラーは、こうしたカテゴリー化、すなわち主体化の暴力性を指摘する。さらに彼女は、ジェンダー・カテゴリーの産出と異性愛主義との関連を述べている。異性愛を規範化する社会にあっては、「男」は「女」を、「女」は「男」を性愛の対象とするのが「自然」とみなされるが、この異性愛規範が、逆にジェンダー規範（性別カテゴリーの有意味性）を維持・強化するのだ。彼女はまた、パフォーマティヴィティの時間的契機に注

目することで、現行秩序の再生産のみならず、秩序の攪乱を理論化しようとするのである。

かくしてバトラーは、言語の外部を実体化するような思考を拒絶する。こうした立場から彼女は、ジャック・ラカンの「現実界」概念を批判する。第2章では、「現実界」をめぐるバトラーとスラヴォイ・ジジェクの議論を考察した。バトラーにとって、ジェンダー・カテゴリーは、言語によって／の内部でのみ意味づけられる。しかし、ラカン派の概念装置では、言語の外部がすでに性化されてしまっているという。これに対して、ラカン派の批評家であるジジェクは、ラカン解釈の誤りとして、バトラーに反論する。ジジェクは、「現実界」という言語の「裂け目」があるからこそ、既存の言語秩序は変容するというのだ。バトラー／ジジェク論争においては、ふたつの水準の「他者性」が混同されており、それゆえ、両者の議論はすれ違いをみせている。すなわち、ある言語体系の内部で周縁化される具体的他者と、言語活動に不可避な言語化の不可能性(それゆえの別様の可能性)である。本書では、バトラー自身の用語を使って、それぞれを「(非)主体 (un)subject」および「批判的脱主体化 critical desubjectivation」と呼ぶことにした。そのうえで、両者の関係を考察した。

(2) 言説的主体化と制度の物質性

次に第Ⅱ部として、第Ⅰ部で区別したふたつの「他者性」のうち、「(非)主体」概念に着目し、性的主体化と制度の物質性の関係を検討した。

第3章では、「(非)主体」としての「同性愛者」について、社会空間上の位置／不在を論じた。

マルクス主義フェミニズムの理論枠組みを参照するとき、「同性愛者」のおかれた不安定な位置が明らかになる。マルクス主義フェミニズムにおいて、公的領域は成人男性の空間とされるが、このことは、公的領域が異性愛男性のための空間であることをも示している。イヴ・K. セジウィックが述べる

ように、男同士の連帯は、ミソジニーとホモフォビアとで構成されるからだ。したがって、性的に有徴化された「同性愛者」は、公的領域での居場所を与えられない。だが他方で、私的領域たる「家族」も、異性愛を前提としているのである。こうした存在のあり方が、「(非) 主体」としての「同性愛者」だといえるだろう。

ただし、このことは、性差別（ジェンダー）と異性愛主義（セクシュアリティ）が別の水準の問題であることを意味しない。たしかに、「異性愛」の「男」「女」が、公的領域と私的領域にそれぞれ配置されるのに対して、「(非) 主体」としての「同性愛者」は、公私に分離した社会空間において居場所を見出せない。しかし「同性愛者」は、異性愛「男」「女」の主体化を、その構成的外部として支えているという点で、社会空間の構造化に関わっているのである。すなわち、「(非) 主体」としての「同性愛者」は、いわば否定的な形で社会空間と関係しているのだ。

とはいえ、「(非) 主体」を「同性愛者」に限定して解釈するのでは、「主体」と「(非) 主体」の関係を固定的に捉えすぎている。そこで第4章では、主体／(非) 主体の相対的関係から、マルクス主義フェミニズムの再構成を試みた。

本書では、「(非) 主体」を、社会的位置を与えられない存在とみなしてきた。そして、マルクス主義フェミニズムは、近代社会における性差別を、「男」「女」の社会空間上の配置として描いている。この図式に従えば、女性は社会空間に組み込まれていることになる。だが、社会空間の境界設定は文脈依存的なものだ。女性の再生産労働は、労働市場に位置づけられていないがゆえに、マルクス主義の伝統においては「搾取」の問題として検討されてこなかった。しかし「女性」は、公的領域に組み込まれていないが、そのことによって逆説的に、公的領域の構成に関わっているのである。すなわち、私的領域における「女性」の再生産労働は、公的領域における「男性」の経済活動を背後から支えている。異性愛の「女性」もまた、「男性」との関係にお

いては「(非) 主体」なのだ。

　マルクス主義フェミニズムにおいては、物質／文化という二元論が採用され、性支配が前者に還元されている。また、ジェンダー規範の「原因」として設定されたはずの家父長制の「物質的基盤」において、予め男／女という主体が前提とされてしまっているのである。この点、バトラーの「パフォーマティヴィティ」概念は、社会的位置のパフォーマティヴな構築を示すものでもあった。したがって、すでに主体化された存在である男／女が、社会空間上の公的領域と私的領域とに配置されるのではなく、公的領域を担う「男」と私的領域を担う「女」という主体のパフォーマティヴな構築を通じて、公私に分離した社会空間もまた産出されると考えるべきである。つまり、象徴レベルでの言説的主体化は、社会の物質的側面と不可分なのだ。そして、主体／(非) 主体関係の相対性は、社会の内部／外部の境界画定不可能性を、さらには差別・抑圧についての物質／象徴関係の相互還元不可能性を表している。

(3) 社会制度の変容／攪乱

　最後に第Ⅲ部では、第Ⅰ部で区別したふたつの「他者性」のうち、「批判的脱主体化」を取り上げ、社会制度の変容／攪乱について考察した。

　まず第5章では、「批判的脱主体化」を「未来」への志向性と捉え、その理論的可能性を論じた。バトラーは「パフォーマティヴィティ」概念の「時間性」を重視するが、それは〈過去→現在→未来〉というクロノロジカルな因果関係を意味するものと考えるべきではない。言語行為の瞬間において過去と未来が召還される。つまり、発話の状況や文脈自体が、時間的な非決定性を帯びているのだ。

　個々の言語行為は、既存のコンテクストとの関係において可能となる。だが言語行為によって、新たなコンテクストへの接続がなされることになる。ここに脱主体化の契機がある。もちろん、主体化が言語的なものである以上、

私たちは言語による被傷性から逃れられない。それゆえ、コンテクストを（それらに依拠しながら）絶えず脱文脈化していくしかない。しかし、既存のコンテクストとされるもの自体も、一義的には決定できない。既存のコンテクストは言語行為の結果としても立ち現れるのである。すなわち、ある「瞬間」における既存のコンテクストの発見は、それ自体が言語行為である。言語行為は、コンテクストに規定されながらも、それが依拠するコンテクストや、新たなコンテクストを呼び起こす。未来の偶発性は現在を語ることのなかに存するのである。

 そのうえで、こうした「批判的脱主体化」を社会空間の変容という側面から考察したのが、第6章である。

 第二波フェミニズムは、「親密」な関係における権力の存在を暴露した。だが一方で、フェミニズムの批判を受けた後に、「親密圏」あるいは「個人的な領域」をいかに捉え直すべきかという課題も浮上している。こうした問いに答えるため、ドゥルシラ・コーネルの議論を検討した。コーネルは、リベラリズムにおける「主体」概念を再構築し、自分が何者であるかを自由に表象でき、かつ自由に再想像することのできる「道徳的空間」として、「イマジナリーな領域 imaginary domain」という概念を提示する。本書では、「イマジナリーな領域」を、メトニミーを可能にする条件として位置づけ直し、さらに、エルネスト・ラクラウのいう「社会的なるもの the social」と接合した。私たちが何者であるのかを再想像する空間としての「イマジナリーな領域」を保護することは、別の社会の可能性に向けて「社会的なるもの」を開いておくことにほかならない。

 したがって、本書の規範的立場から社会制度について述べるとすれば、特定の内容をもった社会空間のあり方に特権的な価値を与えるのではなく、むしろ、主体や空間のあり方を、つねに（潜在的に）他の可能性に開いておくことが必要なのである。

以上のように、本書は、性的主体化と社会空間の関係について、理論的な検討を行った。本書では、とくに性別二元論と異性愛主義を考察してきたが、主体／(非) 主体関係の文脈依存性の問題としてすでに指摘したように、ジェンダー／セクシュアリティをめぐる主体化は、階層／エスニシティといった他の差異と交差しながら、複雑に再編され続けている。とりわけ「後期近代 late modern」と呼ばれる現代社会にあっては、グローバル化の進展とともに、自己や社会関係は大きく変容しているのである（Giddens 1990=1993)。

　ウルリッヒ・ベックとエリザベト・ベック＝ゲルンスハイムは、こうした状況を具体的に描き出す。たとえば、西洋諸国における女性の就労は、途上国からの「家事労働移住女性」によって支えられている。それは「西洋の女性解放と男性の態度の頑なさと保育所不足と世界における貧富の格差などが共に作用した結果」(Beck und Beck 2011: 142=2014: 162) である。あるいは、「パートナーとともにインド人代理母に子どもを臨月まで懐胎させているイスラエル出身の同性愛の男性」(Beck und Beck 2011: 213=2014: 243) がいる。生殖技術の発展は、裕福な「男性同性愛者」が子どもをもつことを可能にしたが、そこでは「産む身体」としての途上国女性が、グローバルな搾取の対象となっているのだ。

　日本でも 2008 年以降、EPA によって、インドネシアやフィリピンからの看護師・介護士候補者の受け入れが実施されてきた。経済のグローバル化や日本社会の高齢化が、その背景にある。これらの職種は、日本では労働条件の問題等で人手不足となっている。つまり途上国の人びとが、安価な労働力として先進国で利用されるともいえよう。また受け入れにあたって、インドネシア人女性やフィリピン人女性の「従順さ」が表象されることがある。ここには、国際的経済格差とともに、途上国女性への文化的ステレオタイプが存在する。

　後期近代において、人びとの意識や社会制度は再帰的に変化している。それは一方で、ジェンダー／セクシュアリティの領域における「自由」や「平

等」を推し進めるようにみえながら、しかし同時に、階層／エスニシティなどの他の差異を巻き込みつつ、既存の格差を拡大させ、新たな不平等を出現させているのだ[1]。

したがって、主体／(非) 主体の関係について、その強化と攪乱のあり方を、物質／文化の絡み合いに着目しながら、問い続けなければならない。そうした理論的実践こそが、かかる現状への批判的想像力を可能にするだろう。

【注】
(1) 後期近代におけるジェンダー／セクシュアリティ関係の変容については、大貫挙学 (2010: 第4節) も参照。

〔付記〕

　本書は、2013年4月に慶應義塾大学大学院社会学研究科から学位授与された博士論文に加筆修正を施したものである。大学院在籍時の指導教員で、学位論文の主査であった渡辺秀樹先生（元慶應義塾大学文学部〔学位審査時〕／現在帝京大学文学部）、学位論文の副査をお引き受けいただいた有末賢先生（慶應義塾大学法学部）、澤井敦先生（慶應義塾大学法学部）、吉澤夏子先生（立教大学社会学部）に、深くお礼を申し上げたい。

　また長野慎一氏、藤田智子氏には、本書の原稿に目を通していただいた。深瀬暢子氏には、出版社を紹介していただくなど、さまざまな局面でお世話になった。

　出版を快諾いただいたインパクト出版会社長・深田卓氏、丁寧に組版作業をしてくださった永井迅氏、素敵な装幀をしてくださった宗利淳一氏、その他関係者の皆様にも感謝する。

引用・参考文献

※外国語文献の引用に際して、翻訳がある場合は、基本的に訳文に依拠したが、必要に応じて、改訳や表記の変更、原語の補足等を施している。また、引用中の〔　〕内は、引用者の注釈である。

【a】

Adams, Parveen and Jeff Minson, [1978] 1990, "The 'Subject' of Feminism," Parveen Adams and Elizabeth Cowie eds., *The Woman in Question*, Cambridge: The MIT Press, 81-101.（= 1992, 竹村和子訳「フェミニズムにおける『主体』の問題」『現代思想』20(1): 40-57.）

Agamben, Giorgio, 1990, *La comunità che viene*, Turin: Giulio Einaudi Editore.（= 1993, Michael Hardt trans., *The Coming Community*, Minneapolis and London: University of Minnesota Press.）

―――, 1998, *Quel che resta di Auschwitz: l'archivio e il testimone (Homo sacer III)*, Torino: Bollati Boringhieri Editore.（= 2001, 上村忠男・廣石正和訳『アウシュヴィッツの残りのもの――アルシーヴと証人』月曜社.）

赤川学, 1996, 『性への自由／性からの自由――ポルノグラフィの歴史社会学』青弓社.

Althusser, Louis, [1970] 1995, "Idéologie et appareils idéologiques d'état: notes pour une recherche," *Sur la reproduction*, Paris: Presses Universitaires de France, 271-314.（= 2010, 西川長夫・伊吹浩一・大中一彌・今野晃・山家歩訳「イデオロギーと国家のイデオロギー諸装置――探究のためのノート」『再生産について――イデオロギーと国家のイデオロギー諸装置（下）』平凡社, 165-250.）

Arendt, Hannah, 1958, *The Human Condition*, Chicago: The University of Chicago Press.（= 1994, 志水速雄訳『人間の条件』筑摩書房.）

Austin, John L. (James O. Urmson ed.), 1962, *How to Do Things with Words*, Oxford: Oxford University Press.（= 1978, 坂本百大訳『言語と行為』大修館書店.）

東浩紀, 1998, 『存在論的、郵便的――ジャック・デリダについて』新潮社.

【b】

Barnett, Hilaire, 1998, *Introduction to Feminist Jurisprudence*, London and Sydney:

Cavendish Publishing.

Beck, Ulrich und Elisabeth Beck-Gernsheim, 2011, *Fernliebe: Lebensformen im globalen Zeitalter*, Berlin: Suhrkamp Verlag.（＝ 2014，伊藤美登里訳『愛は遠く離れて――グローバル時代の「家族」のかたち』岩波書店.）

Beechey, Veronica, 1987, *Unequal Work*, London: Verso Books.（＝ 1993，高島道枝・安川悦子訳『現代フェミニズムと労働――女性労働と差別』中央大学出版部.）

Benhabib, Seyla, 1992, *Situating the Self: Gender, Community and Postmodernism in Contemporary Ethics*, Cambridge: Polity Press.

―――, 1999, "Sexual Difference and Collective Identities: The New Global Constellation," *Signs: Journal of Women in Culture and Society*, 24(2): 335-61.（＝ 2000，長妻由里子訳「性差と集団的アイデンティティ――グローバルな新たな配置」『思想』913: 59-90.）

―――, Nancy Fraser and Linda Nicholson, 1999, "Martha C. Nussbaum and Her Critics: An Exchange," *The New Republic*, 220(16): 43-4.

Benston, Margaret, 1969, "The Political Economy of Women's Liberation," *Monthly Review*, 21(4): 13-27.

Bersani, Leo, 1988, "Is the Rectum a Grave?," Douglas Crimp ed., *AIDS: Cultural Analysis/ Cultural Activism*, Cambridge: The MIT Press, 197-222.（＝ 1996，酒井隆史訳「直腸は墓場か？」『批評空間』第Ⅱ期 8: 115-43.）

Bourdieu, Pierre, 1980, *Le sens pratique*, Paris: Les Éditions de Minuit.（＝ 1988/1990，今村仁司・港道隆・福井憲彦・塚原史訳『実践感覚（1/2）』みすず書房.）

――― (John B. Thompson ed./ Gino Raymond and Matthew Adamson trans.), 1991, *Language and Symbolic Power*, Cambridge: Harvard University Press.

―――, 1994, *Raisons pratiques: sur la théorie de l'action*, Paris: Éditions du Seuil.（＝ 2007，加藤晴久・石井洋二郎・三浦信孝・安田尚訳『実践理性――行動の理論について』藤原書店.）

Butler, Judith, 1987, *Subjects of Desire: Hegelian Reflections in Twentieth-Century France*, New York: Columbia University Press.

―――, 1990, *Gender Trouble: Feminism and the Subversion of Identity*, New York and London: Routledge.（＝ 1999，竹村和子訳『ジェンダー・トラブル――フェミニズムとアイデンティティの攪乱』青土社.）

―――, [1991] 1993, "Imitation and Gender Insubordination," Henry Abelove, Michèle A. Barale and David M. Halperin eds., *The Lesbian and Gay Studies Reader*, New York and London: Routledge, 307-20.（＝ 1996，杉浦悦子訳「模倣とジェンダーへの抵抗」『imago』7(6): 116-35.）

―――, 1992, "Contingent Foundations: Feminism and the Question of 'Postmodernism'," Judith Butler and Joan W. Scott eds., *Feminist Theorize the Political*, New York and

London: Routledge, 3-21.（= 2000, 中馬祥子訳「偶発的な基礎付け——フェミニズムと『ポストモダニズム』による問い」『アソシエ』3: 247-70.）

―――, 1993, *Bodies That Matter: On the Discursive Limits of "Sex,"* New York and London: Routledge.（= 1997, クレア・マリィ訳〔第8章のみ〕「批評的にクィア」『現代思想』25(6): 159-77.）

――― (interviewed by Peter Osborne and Lynne Segal), 1994, "Gender as Performance: An Interview with Judith Butler," *Radical Philosophy*, 67: 32-9.（= 1996, 竹村和子訳「パフォーマンスとしてのジェンダー」『批評空間』第Ⅱ期 8: 48-63.）

―――, 1996a, "Sexual Inversions," Susan J. Hekman ed., *Feminist Interpretations of Michel Foucault*, University Park: The Pennsylvania State University Press, 59-75.

―――, 1996b. "Universality in Culture," Martha C. Nussbaum with Respondents (Joshua Cohen ed.), *For Love of Country: Debating the Limits of Patriotism*, Boston: Beacon Press, 45-52.（= 2000, 辰巳伸知・能川元一訳「文化における普遍性」『国を愛するということ——愛国主義(パトリオティズム)の限界をめぐる論争』人文書院, 88-100.）

―――, 1997a, *Excitable Speech: A Politics of the Performative*, New York and London: Routledge.（= 2004, 竹村和子訳『触発する言葉——言語・権力・行為体』岩波書店.）

―――, 1997b, *The Psychic Life of Power: Theories in Subjection*, Stanford: Stanford University Press.（= 2012, 佐藤嘉幸・清水知子訳『権力の心的な生——主体化＝服従化に関する諸理論』月曜社.）

―――, 1998, "Merely Cultural," *New Left Review*, 227: 33-44.（= 1999, 大脇美智子訳「単に文化的な」『批評空間』第Ⅱ期 23: 227-40.）

―――, 1999a, *Gender Trouble: Feminism and the Subversion of Identity, 10th Aniversary ed.*, New York and London: Routledge.（= 2000, 高橋愛訳〔preface(1999)のみ〕「『ジェンダー・トラブル』序文 (1999)」『現代思想』28(14): 66-83.）

―――, 1999b, "Performativity's Social Magic," Richard Shusterman ed., *Bourdieu: A Critical Reader*, Oxford and Malden: Blackwell Publishers, 113-28.

―――, 2004a, *Precarious Life: The Powers of Mourning and Violence*, London and New York: Verso Books.（= 2007, 本橋哲也訳『生のあやうさ——哀悼と暴力の政治学』以文社.）

―――, 2004b, *Undoing Gender*, New York and London: Routledge.

―――, 2005, *Giving an Account of Oneself*, New York: Fordham University Press.（= 2008, 佐藤嘉幸・清水知子訳『自分自身を説明すること——倫理的暴力の批判』月曜社.）

―――, 2009, *Frames of War: When Is Life Grievable?*, London and New York: Verso Books.（= 2012, 清水晶子訳『戦争の枠組——生はいつ嘆きうるものであるのか』筑摩書房.）

———, Ernesto Laclau and Slavoj Žižek, 2000, *Contingency, Hegemony, Universality: Contemporary Dialogues on the Left*, London and New York: Verso Books.（＝ 2002, 竹村和子・村山敏勝訳『偶発性・ヘゲモニー・普遍性——新しい対抗政治への対話』青土社.）

【c】

Carver, Terrell and Samuel A. Chambers eds., 2008, *Judith Butler's Precarious Politics: Critical Encounters*, New York and London: Routledge.

Chambers, Samuel A. and Terrell Carver, 2008, *Judith Butler and Political Theory: Troubling Politics*, New York and London: Routledge.

Colapinto, John, 2000, *As Nature Made Him*, London: Harper Collins Publishers.（＝ 2005, 村井智之訳『ブレンダと呼ばれた少年——性が歪められた時、何が起きたのか』扶桑社.）

Connell, Robert W., 1987, *Gender and Power: Society, the Person and Sexual Politics*, Cambridge: Polity Press.（＝ 1993, 森重雄・菊地栄治・加藤隆雄・越智康詞訳『ジェンダーと権力——セクシュアリティの社会学』三交社.）

Coomaraswamy, Radhika, 1996, *Report of the Special Rapporteur on Violence against Women*.（＝ 2000, クマラスワミ報告書研究会訳『女性に対する暴力——国連人権委員会特別報告書』明石書店.）

Copjec, Joan, 1994, *Read My Desire: Lacan against the Historicists*, Cambridge and London: The MIT Press.（＝ 1998, 梶理和子・下河辺美知子・鈴木英明・村山敏勝訳『わたしの欲望を読みなさい——ラカン理論によるフーコー批判』青土社.）

Cornell, Drucilla, 1995, *The Imaginary Domain: Abortion, Pornography and Sexual Harassment*, New York and London: Routledge.（＝ 2006, 仲正昌樹監訳『イマジナリーな領域——中絶、ポルノグラフィ、セクシュアル・ハラスメント』御茶の水書房.）

———, 1998, *At the Heart of Freedom: Feminism, Sex and Equality*, Princeton and New Jersey: Princeton University Press.（＝ 2001, 石岡良治・久保田淳・郷原佳以・南野佳代・佐藤朋子・澤敬子・仲正昌樹訳『自由のハートで』情況出版.）

———, 1999, *Beyond Accommodation: Ethical Feminism, Deconstruction, and the Law*, New ed., Lanham, Boulder, New York and Oxford: Rowman and Littlefield Publishers.（＝ 2003, 仲正昌樹監訳『脱構築と法——適応の彼方へ』御茶の水書房.）

CSE Sex and Class Group, 1982, "Sex and Class," *Capital and Class*, 16: 78-94.

【d】

Dalla Costa, Mariarosa and Selma James, 1975, *The Power of Women and the Subversion of*

the Community, 3rd ed., Bristol: Falling Wall Press.
Davies, Bronwyn ed., 2008, *Judith Butler in Conversation: Analyzing the Texts and Talk of Everyday Life*, New York and London: Routledge.
Delphy, Christine (Diana Leonard ed. and trans.), 1984, *Close to Home: A Materialist Analysis of Women's Oppression*, Amherst: The University of Massachusetts Press.（＝ 1996, 井上たか子・加藤康子・杉藤雅子訳『なにが女性の主要な敵なのか――ラディカル・唯物論的分析』勁草書房．）
D'Emilio, John, 1983, "Capitalism and Gay Identity," Ann Snitow, Christine Stansell and Sharon Thompson eds., *Powers of Desire: The Politics of Sexuality*, New York: Monthly Review Press, 100-13.（＝ 1997, 風間孝訳「資本主義とゲイ・アイデンティティ」『現代思想』25(6): 145-58.）
Derrida, Jacques, 1990, *Limited Inc.*, Paris: Édition Galilée.（＝ 2002, 高橋哲哉・増田一夫・宮﨑裕助訳『有限責任会社』法政大学出版局．）
Duden, Barbara, 1998, "Die akademische Dekonstruktion der Frau: Judith Butler," *Sammlung I: Ausgewählte Schriften und Vorträge 1991-1998*, Bremen: Schriften Bremen, 120-9.（＝ 2001, 北川東子訳「女性を『脱構築』で切り刻んではならない！」『環』7: 44-56.）
Durkheim, Émile, 1902, *De la division du travail social, 2e éd.*, Paris: Félix Alcan Éditeur.（＝ 1989, 井伊玄太郎訳『社会分業論（上 / 下）』講談社．）
Dworkin, Andrea, 1987, *Intercourse*, New York: The Free Press.（＝ 1989, 寺沢みずほ訳『インターコース――性的行為の政治学』青土社．）

【e】
Edelman, Lee, 1994, "The Mirror and the Tank: 'AIDS,' Subjectivity, and the Rhetoric of Activism," *Homographesis: Essays in Gay Literary and Cultural Theory*, New York and London: Routledge, 93-117.（＝ 1997, キース・ヴィンセント／北丸雄二訳「鏡と戦車――『エイズ』、主体性、そしてアクティヴィズムの修辞学」『現代思想』25(6): 257-85.）
江原由美子，1985,『女性解放という思想』勁草書房.
―――, 1991,『ラディカル・フェミニズム再興』勁草書房.
―――, 1995,『装置としての性支配』勁草書房.
―――, 2001,『ジェンダー秩序』勁草書房.
Elliot, Anthony, 2014, *Contemporary Social Theory: An Introduction, 2nd ed.*, New York and London: Routledge.

【f】
Fineman, Martha A., 1995, *The Neutered Mother, The Sexual Family: And Other Twentieth*

    Century Tragedies, New York and London: Routledge.（＝ 2003，上野千鶴子監訳『家族、積みすぎた方舟——ポスト平等主義のフェミニズム法理論』学陽書房．）
Firestone, Shulamith, 1970, *The Dialectic of Sex: The Case for Feminist Revolution*, New York: William Morrow and Company.（＝ 1972，林弘子訳『性の弁証法——女性解放革命の場合』評論社．）
Foucault, Michel, 1969, *L'archéologie du savoir*, Paris: Éditions Gallimard.（＝ 1981，中村雄二郎訳『知の考古学』河出書房新社．）
―――, 1975, *Surveiller et punir: naissance de la prison*, Paris: Éditions Gallimard.（＝ 1977，田村俶訳『監獄の誕生——監視と処罰』新潮社．）
―――, 1976, *Histoire de la sexualité, vol.1: la volonté de savoir*, Paris: Éditions Gallimard.（＝ 1986，渡辺守章訳『性の歴史Ⅰ——知への意志』新潮社．）
Fraser, Nancy, 1995, "From Redistribution to Recognition?: Dilemmas of Justice in a 'Post-Socialist' Age," *New Left Review*, 212: 68-93.（＝ 2001，原田真見訳「再分配から承認まで？——ポスト社会主義時代における公正のジレンマ」『アソシエ』5: 103-35．）
―――, 1997, *Justice Interruptus: Critical Reflections on the 'Postsocialist' Condition*, New York and London: Routledge.（＝ 2003，仲正昌樹監訳『中断された正義——「ポスト社会主義的」条件をめぐる批判的省察』御茶の水書房．）
―――, 1998, "Heterosexism, Misrecognition and Capitalism: A Response to Judith Butler," *New Left Review*, 228: 140-9.（＝ 1999，大脇美智子訳「ヘテロセクシズム、誤認、そして資本主義——ジュディス・バトラーへの返答」『批評空間』第Ⅱ期 23: 241-53．）
Freud, Sigmund, [1917] 1946, "Trauer und Melancholie," *Gesammelte Werke X: Werke aus den Jahren 1913-1917*, Frankfurt am Main: S. Fischer Verlag, 427-46.（＝ 1970，井村恒郎訳「悲哀とメランコリー」『フロイト著作集6 ——自我論・不安本能論』人文書院，137-49．）
Friedan, Betty, 1963, *The Feminine Mystique*, New York: W. W. Norton and Company.（＝ 2004，三浦冨美子訳『新しい女性の創造［改訂版］』大和書房．）
藤村正之，2007，「ジェンダーとセクシュアリティ」長谷川公一・浜日出夫・藤村正之・町村敬志『社会学』有斐閣，377-412．
福岡安則，1986，「〈書評〉江原由美子著『女性解放という思想』勁草書房、1985年——差異と解放をめぐって」『解放社会学研究』1: 122-4．

【g】
Giddens, Anthony, 1987, *Social Theory and Modern Sociology*, Cambridge: Polity Press.（＝ 1998，藤田弘夫監訳『社会理論と現代社会学』青木書店．）
―――, 1990, *The Consequences of Modernity*, Cambridge: Polity Press.（＝ 1993，松

尾精文・小幡正敏訳『近代とはいかなる時代か？』而立書房.）

――――, 1992, *The Transformation of Intimacy: Sexuality, Love and Eroticism in Modern Societies*, Cambridge: Polity Press.（= 1995, 松尾精文・松川昭子訳『親密性の変容――近代社会におけるセクシュアリティ、愛情、エロティシズム』而立書房.）

―――― and Philip W. Sutton, 2013, *Sociology, 7th ed.*, Cambridge: Polity Press.

【h】

Habermas, Jürgen, 1990, *Strukturwandel der Öffentlichkeit: Untersuchungen zu einer Kategorie der bürgerlichen Gesellschaft*, Frankfurt am Main: Suhrkamp Velrag.（= 1994, 細谷貞雄・山田正行訳『公共性の構造転換――市民社会の一カテゴリーについての探究［第2版］』未来社.）

Hall, Stuart, 1996, "Introduction: Who Needs 'Identity'?," Stuart Hall and Paul du Gay eds., *Questions of Cultural Identity*, London, Thousand Oaks and New Delhi: Sage Publications, 1-17.（= 2001, 宇波彰訳「誰がアイデンティティを必要とするのか？」宇波彰監訳『カルチュラル・アイデンティティの諸問題――誰がアイデンティティを必要とするのか？』大村書店, 7-35.）

――――, and Paul du Gay eds., 1996, *Questions of Cultural Identity*, London, Thousand Oaks and New Delhi: Sage Publications.（= 2001, 宇波彰監訳『カルチュラル・アイデンティティの諸問題――誰がアイデンティティを必要とするのか？』大村書店.）

Halperin, David M., 1990, *One Hundred Years of Homosexuality: And Other Essays on Greek Love*, New York and London: Routledge.（= 1995, 石塚浩司訳『同性愛の百年間――ギリシア的愛について』放送大学出版局.）

――――, 1995, *Saint Foucault: Towards a Gay Hagiography*, New York and Oxford: Oxford University Press.（= 1997, 村山敏勝訳『聖フーコー――ゲイの聖人伝に向けて』太田出版.）

Hartman, Heidi, [1979] 1981, "The Unhappy Marriage of Marxism and Feminism: Towards a More Progressive Union," Lydia Sargent ed., *Women and Revolution: A Discussion of the Unhappy Marriage of Marxism and Feminism*, Boston: South End Press, 1-41.（= 1991, 田中かず子訳「マルクス主義とフェミニズムの不幸な結婚――さらに実りある統合に向けて」『マルクス主義とフェミニズムの不幸な結婚』勁草書房, 31-80.）

Harvey, David, 1989, *The Condition of Postmodernity: An Enquiry into the Origins of Cultural Change*, Cambridge and Oxford: Blackwell Publishers.（= 1999, 吉原直樹監訳『ポストモダニティの条件』青木書店.）

橋爪大三郎, 1995, 『性愛論』岩波書店.

Hegel, G. W. F. (hg. Johannes Schulze), [1807] 1832, *Phänomenologie des Geistes (Georg Wilhelm Friedrich Hegel's Werke, Bd. 2)*, Berlin: Duncker und Humblot.（＝ 1998, 長谷川宏訳『精神現象学』作品社.）

Hennessy, Rosemary, 1993, *Materialist Feminism and the Politics of Discourse*, New York and London: Routledge.

広河隆一, 1996, 『薬害エイズの真相』徳間書店.

Hobbes, Thomas, 1651, *Leviathan, or The Matter, Forme, and Power of a Common-Wealth Ecclesiasticall and Civill*, London: Andrew Crooke.（＝ 1954/1964/1982/1985, 水田洋訳『リヴァイアサン (1-4)』岩波書店.）

Hull, Carrie L., 1997, "The Need in Thinking: Materiality in Theodor W. Adorno and Judith Butler," *Radical Philosophy*, 84: 22-35.

【i】

池田心豪・大貫挙学, 2002, 「バトラーのブルデュー批判から見えること――社会的位置の構築と主体（化）をめぐる問題」『現代社会理論研究』12: 89-100.

稲場雅紀, 1994, 「日本の精神医学は同性愛をどのように扱ってきたか」『社会臨床雑誌』2(2): 34-42.

伊野真一, 2000, 「主体・アイデンティティ・エイジェンシー――バトラー理論の再検討」『現代思想』28(14): 247-55.

井上匡子, 1998, 「フェミニズムの社会理論としての課題――体制選択論争後のマルクス主義の一断面として」日本法哲学会編『法哲学年報 1997　20 世紀の法哲学』有斐閣, 209-28.

井上達夫, 2003, 『普遍の再生』岩波書店.

Irigaray, Luce, 1977, *Ce sexe qui n'en est pas un*, Paris: Les Éditions de Minuit.（＝ 1987, 棚沢直子・小野ゆり子・中嶋公子訳『ひとつではない女の性』勁草書房.）

井芹真紀子, 2010, 「〈トラブル〉再考――女性による女性性の遂行(パフォーマンス)と攪乱」『ジェンダー＆セクシュアリティ』国際基督教大学ジェンダー研究センター, 5: 23-43.

【j】

Jagger, Gill, 2008, *Judith Butler: Sexual Politics, Social Change and the Power of the Performative*, New York and London: Routledge.

Jakobson, Roman (Krystyna Pomorska and Stephen Rudy eds.), 1985, *Verbal Art, Verbal Sign, Verbal Time*, Minneapolis: University of Minnesota Press.（＝ 1995, 浅川順子訳『言語芸術・言語記号・言語の時間』法政大学出版局.）

【k】

戒能民江, 2002, 『ドメスティック・バイオレンス』不磨書房.
神長百合子, 1998, 「フェミニズムから見た法の象徴的機能」日本法社会学会編『法社会学の新地平』有斐閣, 216-25.
神島裕子, 2013, 『マーサ・ヌスバウム——人間性涵養の哲学』中央公論新社.
金井淑子, 1992, 『フェミニズム問題の転換』勁草書房.
神郡悦子, 1996, 「メタファーとメトニミーの可能性——相同性の原理と闘争的連関の原理」土田知則・神郡悦子・伊藤直哉『現代文学理論——テクスト・読み・世界』新曜社, 73-8.
片桐雅隆, 2011, 『自己の発見——社会学史のフロンティア』世界思想社.
加藤秀一, 1998, 『性現象論——差異とセクシュアリティの社会学』勁草書房.
————, 2006, 『知らないと恥ずかしい ジェンダー入門』朝日新聞社.
Kirby, Vicki, 2006, *Judith Butler Live Theory*, London and New York, Continuum International Publishing Group.
小島妙子, 2002, 『ドメスティック・バイオレンスの法——アメリカ法と日本法の挑戦』信山社.
Kutchins, Herb and Stuart A. Kirk, 1997, *Making Us Crazy: DSM-The Psychiatric Bible and the Creation of Mental Disorders,* New York: The Free Press.（＝ 2002, 高木俊介・塚本千秋監訳『精神疾患はつくられる——DSM 診断の罠』日本評論社.）
Kymlicka, Will, 2002, *Contemporary Political Philosophy: An Introduction, 2nd ed.*, Oxford: Oxford University Press.（＝ 2005, 千葉眞・岡﨑晴輝・坂本洋一・施光恒・関口雄一・木村光太郎・牧野正義・前田恵美・田中拓道訳『現代政治理論［新版］』日本経済評論社.）

【l】

Lacan, Jacque, 1966, *Écrits*, Paris: Éditions du Seuil.（＝ 1972/1977/1981, 宮本忠雄・竹内迪也・高橋徹・佐々木孝次・三好曉光・早水洋太郎・海老原英彦・芦原睿訳『エクリ（Ⅰ-Ⅲ）』弘文堂.）
———— (Jacques-Alain Miller dir.), 1973, *Le séminaire, livre XI: les quatre concepts fondamentaux de la psychanalyse 1964*, Paris: Éditions du Seuil.（＝ 2000, 小出浩之・新宮一成・鈴木國文・小川豊昭訳『精神分析の四基本概念』岩波書店.）
———— (Jacques-Alain Miller dir.), 1975a, *Le séminaire, livreI: les écrits techniques de Freud 1953-1954*, Paris: Éditions du Seuil.（＝ 1991, 小出浩之・小川豊昭・小川周二・笠原嘉・鈴木國文訳『フロイトの技法論（上／下）』岩波書店.）
———— (Jacques-Alain Miller dir.), 1975b, *Le séminaire, livre XX: encore 1972-1973*, Paris: Éditions du Seuil.
Laclau, Ernesto and Chantal Mouffe, 1985, *Hegemony and Socialist Strategy: Towards a*

Radical Democratic Politics, London and New York: Verso Books.（＝ 1992, 山崎カヲル・石澤武訳『ポスト・マルクス主義と政治——根源的民主主義のために』大村書店.）

Lévi-Strauss, Claude, 1967, *Les structures élémentaires de la parenté, 2e éd.*, Paris: Mouton et Co.（＝ 2000, 福井和美訳『親族の基本構造』青弓社.）

Lloyd, Moya, 2007, *Judith Butler: From Norms to Politics*, Cambridge and Malden: Polity Press.

Locke, John, [1690] 1823, "Two Treatises of Government," *The Works of John Locke, New ed., vol. 5*, London: Printed for Thomas Tegg, etc., 207-485.（＝ 2010, 加藤節訳『完訳 統治二論』岩波書店.）

Loizidou, Elena, 2007, *Judith Butler: Ethics, Law, Politics*, Abingdon and New York: Routledge-Cavendish.

[m]

MacIntyre, Alasdair, 1984, *After Virtue: A Study in Moral Theory, 2nd ed.*, Notre Dame: University of Notre Dame Press.（＝ 1993, 篠崎榮訳『美徳なき時代』みすず書房.）

Mackinnon, Catharine A., 1987, *Feminism Unmodified: Discourses on Life and Law*, Cambridge: Harvard University Press.（＝ 1993, 奥田暁子・加藤春恵子・鈴木みどり・山崎美佳子訳『フェミニズムと表現の自由』明石書店.）

———, 1994, *Only Words*, London: Harper Collins Pubulishers.（＝ 1995, 柿本和代訳『ポルノグラフィ——「平等権」と「表現の自由」の間で』明石書店.）

毎日新聞社会部編, 1992,『隠されたエイズ——その時、製薬会社、厚生省、医師は何をしたのか!!』ダイヤモンド社.

丸山圭三郎, 1981,『ソシュールの思想』岩波書店.

Marx, Karl H. (hg. Friedrich Engels), [1890] 1953, *Das Kapital: Kritik der politischen Ökonomie,vol.1-3*, Berlin: Dietz Verlag.（＝ 1969-1970, 向坂逸郎訳『資本論（1-9）』岩波書店.）

McNay, Lois, 2000, *Gender and Agency: Reconfiguring the Subject in Feminist and Social Theory*, Cambridge: Polity Press.

Mies, Maria, 1986a, *Patriarchy and Accumulation on a Word Scale: Women in the International Division of Labour*, London: Zed Books.（＝ 1997, 奥田暁子訳『国際分業と女性——進行する主婦化』日本経済評論社.）

———, [1986b] 1988, "Social Origins of the Sexual Division of Labour," Maria Mies, Veronika Benholdt-Thomsen and Claudia von Werlhof, *Women: The Last Colony*, London: Zed Books, 68-95.（＝ 1995, 古田睦美訳「性別分業の社会的起源」古田睦美・善本裕子訳『世界システムと女性』藤原書店, 137-81.）

———, Veronika Benholdt-Thomsen and Claudia von Werlhof, 1988, *Women: The Last*

Colony, London and New York: Zed Books. (= 1995, 古田睦美・善本裕子訳『世界システムと女性』藤原書店.)
Millet, Kate, 1970, *Sexual Politics*, New York: Doubleday and Company. (= 1985, 藤枝澪子・加地永都子・滝沢海南子・横山貞子訳『性の政治学』ドメス出版.)
Mitchell, Juliet, 1974, *Psychoanalysis and Feminism*, New York: Pantheon Books. (= 1977, 上田昊訳『精神分析と女の解放』合同出版.)
三浦雅士, 1995,「近代的自我の神話」井上俊・上野千鶴子・大澤真幸・見田宗介・吉見俊哉編『岩波講座現代社会学2 自我・主体・アイデンティティ』岩波書店, 149-209.
水田珠枝, [1979] 1994,『女性解放思想史』筑摩書房.
Money, John and Patricia Tucker, 1975, *Sexual Signatures: On Being a Man or a Woman*, Boston and Toronto: Little, Brown and Company. (= 1979, 朝山新一・朝山春江・朝山耿吉訳『性の署名——問い直される男と女の意味』人文書院.)
森重雄, 1999,「〈人間〉の環境設定——社会理論的検討」『社会学評論』50(3): 278-96.
村山敏勝, 2005,『(見えない) 欲望へ向けて——クィア批評との対話』人文書院.
————, 2006,「予め喪われた死者へ——メランコリーの拡大」『現代思想』34(12): 236-45.
牟田和恵, 2006,『ジェンダー家族を超えて——近現代の生/性の政治とフェミニズム』新曜社.

【n】

長野慎一, 2003,「バトラーにおける抵抗としてのパロディ——コーネルとの比較から」『人間と社会の探究 (慶應義塾大学大学院社会学研究科紀要)』57: 75-85.
————, 2005,「『セックス』という/による管理——『性同一性障害者性別取扱特例法』をめぐって」渡辺秀樹編『現代日本の社会意識——家族・子ども・ジェンダー』慶應義塾大学出版会, 249-77.
————, 2011,「唯物論者としてのバトラー——女性というセックスの物質性をめぐって」『年報筑波社会学』第Ⅱ期3・4合併号: 30-51.
中山道子, 2000,『近代個人主義と憲法学——公私二元論の限界』東京大学出版会.
Nicholson, Linda, 1994, "Interpreting Gender," *Signs: Journal of Women in Culture and Society*, 20(1): 79-105. (= 1995, 荻野美穂訳「〈ジェンダー〉を解読する」『思想』853: 103-34.)
日本弁護士連合会編, 1995,『検証日本の警察——開かれた警察と自立した市民社会をめざして』日本評論社.
日本精神神経学会 性同一性障害に関する特別委員会, 1997,「性同一性障害に関す

る答申と提言」『精神神経学雑誌』99(7): 533-40.
西原和久, 2003, 『自己と社会――現象学の社会理論と〈発生社会学〉』新泉社.
野崎綾子, 2003, 『正義・家族・法の構造変換――リベラル・フェミニズムの再定位』勁草書房.
Nussbaum, Martha C., 1999, "The Professor of Parody: The Hip Defeatism of Judith Butler," *The New Republic*, 220(8): 37-45.

【o】

Oakley, Ann, [1972] 1985, *Sex, Gender and Society*, Aldershot: Gower Publishing Company.
落合恵美子, 1989, 『近代家族とフェミニズム』勁草書房.
小田中聰樹, 2006, 『刑事訴訟法の変動と憲法的思考』日本評論社.
荻野美穂, 1997, 「女性史における〈女性〉とは誰か――ジェンダー概念をめぐる最近の議論から」比較家族史学会監修／田端泰子・上野千鶴子・服部早苗編『シリーズ比較家族8　ジェンダーと女性』早稲田大学出版部, 115-34.
―――, 2002, 『ジェンダー化される身体』勁草書房.
大越愛子, 1999, 「フェミニズム思想批評の展開」大越愛子・志水紀代子編『ジェンダー化する哲学――フェミニズムからの認識論批判』昭和堂, 152-75.
大庭絵里, 2009, 「ドメスティック・バイオレンスの問題化と潜在化」『国際経営論集』38: 115-22.
岡野八代, 2009, 『シティズンシップの政治学――国民・国家主義批判［増補版］』白澤社.
―――, 2012, 『フェミニズムの政治学――ケアの倫理をグローバル社会へ』みすず書房.
大川正彦, 1999, 『正義』岩波書店.
Okin, Susan M., 1989, *Justice, Gender, and the Family*, New York: Basic Books. (= 2013, 山根純佳・内藤準・久保田裕之訳『正義・ジェンダー・家族』岩波書店.)
―――, [1991] 1998, "Gender, the Public, and the Private," Anne Phillips ed., *Feminism and Politics*, Oxford and New York: Oxford University Press, 116-41.
Olson, Kevin ed., 2008, *Adding Insult to Injury: Nancy Fraser Debates Her Critics*, London and New York: Verso Books.
大貫敦子, 2000, 「名づけ／パフォーマティヴィティ／パフォーマンス――批判の特権性と独断性を切り崩すストラテジー」『現代思想』28(14): 162-71.
大貫挙学, 2001, 「フェミニズム理論からみた近代と主体――公私の二重構造とジェンダー／セクシュアリティ」『哲学』三田哲学会, 106: 183-229.
―――, 2003, 「異性愛主義と（非）主体」『哲学』三田哲学会, 109: 249-72.
―――, 2005a, 「社会空間と性的主体化――フェミニズムによる公私二元論批判

から」渡辺秀樹編『現代日本の社会意識——家族・子ども・ジェンダー』慶應義塾大学出版会, 279-98.
———, 2005b, 「DV 政策と公私二元論——『近代家族』のなかの／という暴力」慶應義塾大学 21COE-CCC 国際シンポジウム報告原稿.
———, 2007, 「主体と社会のパフォーマティヴィティ—— J. バトラーにおけるふたつの他者性をめぐって」『年報社会学論集』20: 61-71.
———, 2009, 「J. バトラーにおける『パフォーマティヴィティ』の『時間性』」『三田社会学』14: 80-93.
———, 2010, 「『性』を読み解く——ジェンダーとセクシュアリティ」塩原良和・竹ノ下弘久編『社会学入門』弘文堂, 39-49.
———, 2013, 「性的主体化と制度の物質性——マルクス主義フェミニズム理論の脱構築」『家族研究年報』38: 39-55.
———, 2014a, 「刑事裁判のジェンダー論的考察——女性被告人はどのように裁かれているのか？」渡辺秀樹・竹ノ下弘久編『越境する家族社会学』学文社, 155-71.
———, 2014b, 「『女性的なるもの』から『批判的脱主体化』へ——コーネルにおける『イマジナリーな領域』概念の再検討」『現代社会学理論研究』8: 68-80.
———・藤田智子, 2012, 「刑事司法過程における家族規範—— DV 被害女性による夫殺害事件の言説分析」『家族社会学研究』24(1): 72-83.
———・松木洋人, 2003, 「犯行動機の構成と成員カテゴリー化実践——いわゆる『足利事件』における精神鑑定をめぐって」『犯罪社会学研究』28: 68-81.

【p】
Pateman, Carole, 1989, *The Disorder of Women: Democracy, Feminism and Political Theory*, Cambridge: Polity Press.
Plummer, Ken, 1995, *Telling Sexual Stories: Power, Change and Social Worlds*, New York and London: Routledge. (= 1998, 桜井厚・好井裕明・小林多寿子訳『セクシュアル・ストーリーの時代——語りのポリティクス』新曜社.)

【r】
Rawls, John, 1971, *A Theory of Justice*, Cambridge: Harvard University Press. (= 1979, 矢島鈞次監訳『正義論』紀伊國屋書店.)
———, 1999, *A Theory of Justice, Revised ed.*, Cambridge: Harvard University Press. (= 2010, 川本隆史・福間聡・神島裕子訳『正義論［改訂版］』紀伊國屋書店.)
———, 2005, *Political Liberalism, Expanded ed.*, New York: Columbia University Press.
Rich, Adrienne, [1980] 1986, "Compulsory Heterosexuality and Lesbian Existence," *Blood,*

Bread, and Poetry: Selected Prose 1979-1985, New York and London: W. W. Norton and Company, 23-75.（＝ 1989, 大島かおり訳「強制的異性愛とレズビアン存在」『血、パン、詩。──アドリエンヌ・リッチ女性論』晶文社, 53-119.）

Riddiough, Christine, 1981, "Socialism, Feminism, and Gay/Lesbian Liberation," Lydia Sargent ed., *Women and Revolution: A Discussion of the Unhappy Marriage of Marxism and Feminism*, Boston: South End Press, 71-89.

Rousseau, Jean-Jacques, [1762] 1915, "Du Contrat Social," Charles E. Vaughen ed. *The Political Writings of Jean-Jacques Rousseau, vol 2*, Cambridge: Cambridge University Press, 23-134.（＝ 1954, 桑原武夫・前川貞次郎訳『社会契約論』岩波書店.）

Rubin, Gayle, 1984, "Thinking Sex: Notes for a Radical Theory of the Politics of Sexuality," Carole S. Vance ed., *Pleasure and Danger: Exploring Female Sexuality*, Boston, London, Melbourne and Henley: Routledge and Kegan Paul, 267-319.（＝ 1997, 河口和也訳「性を考える──セクシュアリティの政治に関するラディカルな理論のための覚書」『現代思想』25(6): 94-144.）

【s】

Salih, Sara, 2002, *Judith Butler*, New York and London: Routledge.（＝ 2005, 竹村和子・越智博美・山口菜穂子・吉川純子訳『ジュディス・バトラー』青土社.）

─── , and Judith Butler eds., 2004, *The Judith Butler Reader*, Malden, Oxford and Carlton: Blackwell Publishing.

Sandel, Michael J., 1996, *Liberalism and the Limits of Justice, 2nd ed.*, London: Cambridge University Press.（＝ 1999, 菊池理夫訳『自由主義と正義の限界［第2版］』三嶺書房.）

佐藤嘉幸, 2008,『権力と抵抗──フーコー・ドゥルーズ・デリダ・アルチュセール』人文書院.

Saussure, Ferdinand de, 1949, *Cours de Linguistique Générale: Publié par Charles Bally et Albert Sechehaye, 4e éd.*, Paris: Librairie Payot.（＝ 1972, 小林英夫訳『一般言語学講義［改版］』岩波書店.）

Scott, Joan W., 1988, *Gender and Politics of History*, New York: Columbia University Press.（＝ 1992, 荻野美穂訳『ジェンダーと歴史学』平凡社.）

瀬地山角, 1996,『東アジアの家父長制──ジェンダーの比較社会学』勁草書房.

Sedgwick, Eve K., 1985, *Between Men: English Literature and Male Homosocial Desire*, New York: Columbia University Press.（＝ 2001, 上原早苗・亀澤美由紀訳『男同士の絆──イギリス文学とホモソーシャルな欲望』名古屋大学出版会.）

─── , 1990, *Epistemology of the Closet*, Berkeley and Los Angeles: The University of California Press.（＝ 1999, 外岡尚美訳『クローゼットの認識論──セクシュアリティの20世紀』青土社.）

千田有紀, 1999,「家父長制の系譜学」『現代思想』27(1): 197-209.
────, 2006,「ブレンダの悲劇が教えるもの」『大航海』57: 134-41.
清水晶子, 2006,「キリンのサバイバルのために──ジュディス・バトラーとアイデンティティ・ポリティクス再考」『現代思想』34(12): 171-87.
新ヶ江章友, 2013,『日本の「ゲイ」とエイズ──コミュニティ・国家・アイデンティティ』青弓社.
Sokoloff, Natalie J., 1980, *Between Money and Love: The Dialectics of Women's Home and Market Work*, New York: Praeger Publishers.（＝ 1987, 江原由美子・藤崎宏子・岩田知子・紙谷雅子・竹中千香子訳『お金と愛情の間──マルクス主義フェミニズムの展開』勁草書房.）
Spivak, Gayatri C., 1988, "Can the Subaltern Speak?," Cary Nelson and Lawrence Grossberg eds., *Marxism and the Interpretation of Culture*, Urbana: University of Illinois Press, 271-313.（＝ 1998, 上村忠男訳『サバルタンは語ることができるか』みすず書房.）
────, 1999, "Martha C. Nussbaum and Her Critics: An Excahnge," *The New Republic*, 220(16): 43.
Stanley, Liz and Sue Wise, 1983, *Breaking Out: Feminist Consciousness and Feminist Research*, London, Boston, Melbourne and Henley: Routledge and Kegen Paul.（＝ 1987, 矢野和江訳『フェミニズム社会科学に向って』勁草書房.）
Stoller, Robert J., 1968, *Sex and Gender, vol.1: The Development of Masculinity and Femininity*, New York: Jason Aronson.（＝ 1973, 桑畑勇吉訳『性と性別──男らしさと女らしさの発達について』岩崎学術出版社.）
鈴木隆文・石川結貴, 1999,『誰にも言えない夫の暴力』本の時遊社.

【t】
竹村和子, 1996,「〈現実界〉は非歴史的に性化されているか？──フェミニズムとジジェク」『現代思想』24(15): 196-210.
────, 1997,「忘却／取り込みの戦略──バイセクシュアリティ序説」『現代思想』25(6): 248-56.
────, 2001,「『資本主義社会はもはや異性愛主義を必要としていない』のか──『同一性の原理』をめぐってバトラーとフレイザーが言わなかったこと」上野千鶴子編『構築主義とは何か』勁草書房, 213-53.
────, 2002,『愛について──アイデンティティと欲望の政治学』岩波書店.
田村公江, 2004,「精神分析の現代文明論」新宮一成・鈴木國文・小川豊昭編『精神分析学を学ぶ人のために』世界思潮社, 217-72.
田村哲樹, 2009,『政治理論とフェミニズムの間──国家・社会・家族』昭和堂.
立川健二, 1986,『《力》の思想家ソシュール』書肆風の薔薇.

─────・山田広昭, 1990,『現代言語論──ソシュール フロイト ウィトゲンシュタイン』新曜社.
Taylor, Charles, 1994, "The Politics of Recognition," Amy Gutman ed., *Multiculturalism: Examining the Politics of Recognition*, Princeton and New Jersey: Princeton University Press, 25-73. (= 1996, 佐々木毅・辻康夫・向山恭一訳「承認をめぐる政治」『マルチカルチュラリズム』岩波書店, 37-110.)
田崎英明, 2000,『ジェンダー／セクシュアリティ』岩波書店.
常盤紀之, 2004,「配偶者からの暴力の防止及び被害者の保護に関する法律における保護命令制度についての問題点」『判例タイムズ』1146: 59-66.
富永健一, 2004,『戦後日本の社会学──一つの同時代学史』東京大学出版会.
富山太佳夫, 1992,「ホモセクシュアリティとは何か」土屋恵一郎編『ホモセクシュアリティ』弘文堂, 5-28.
土屋恵一郎, 1996,『正義論／自由論──無縁社会日本の正義』岩波書店.
辻村みよ子, 2010,『ジェンダーと法 [第 2 版]』不磨書房.
角田由紀子, 1991,『性の法律学』有斐閣.
─────, 2004,『性差別と暴力──続・性の法律学 [補訂版]』有斐閣.

【u】

鵜殿えりか, 1999,「モダニティ／セクシュアリティ／アイデンティティ──語りえぬものと近代の関係」海老根静江・竹村和子編『女というイデオロギー──アメリカ文学を検証する』南雲堂, 171-88.
上村貞美, 2004,『性的自由と法』成文堂.
上野千鶴子, [1990] 2009,『家父長制と資本制──マルクス主義フェミニズムの地平』岩波書店.
─────編, 1982,『主婦論争を読む 全記録 (I/II)』勁草書房.
─────編, 2001,『構築主義とは何か』勁草書房.
─────編, 2005,『脱アイデンティティ』勁草書房.
動くゲイとレズビアンの会, 1999,「『同性愛者・性的マイノリティに関するヒアリング』に関するレジュメ」(於：東京都「人権施策推進のあり方専門懇親会」第 8 回会合〔1999.08.30〕).

【v】

ヴィンセント, キース, 1996,「敵はどこにいるのだろう？──エイズの『起源』と近代日本のホモフォビア」『現代思想』24(9): 90-105.
Vogel, Lise, 1981, "Marxism and Feminism: Unhappy Marriage, Trial Separation or Something Else?," Lydia Sargent ed., *Women and Revolution: A Discussion of the Unhappy Marriage of Marxism and Feminism*, Boston: South End Press, 195-217. (=

1991，田中かず子訳「マルクス主義とフェミニズム——不幸な結婚、試験的別居、あるいはもっと別の関係か」『マルクス主義とフェミニズムの不幸な結婚』勁草書房，169-94.）

【w】

若林翼, 2008,『フェミニストの法——二元的ジェンダー構造への挑戦』勁草書房.

渡辺秀樹編, 2005,『親密な関係に潜む女性への暴力——韓国との政策比較から見えてくる日本の課題』福島県男女共生センター委託研究成果報告書.

Weber, Max (hg. Johannes Winckelmann), 1956, *Wirtschaft und Gesellschaft, Grundriss der verstehenden Soziologie, Bd. 4*, Tübingen: J. C. B. Mohr (Paul Siebeck).（＝1970, 世良晃志郎訳〔第3、4章のみ〕『支配の諸類型——経済と社会 第1部第3-4章』創文社.）

Weeks, Jeffery, 2009, *Sexuality, 3rd ed.*, London and New York: Routledge.

West, Jackie, 1978, "Women, Sex and Class," Annette Kuhn and AnnMarie Wolpe eds., *Feminism and Materialism: Women Modes of Production*, London and Boston: Routledge and Kegan Paul, 220-53.（＝1990, 渡辺和子訳「女性と性と階級」上野千鶴子・千本暁子・姫岡とし子・児玉佳与子・矢木公子・渡辺和子訳『マルクス主義フェミニズムの挑戦［第2版］』勁草書房, 204-44.）

White, James Boyd, 1990, *Justice as Translation*, Chicago: University of Chicago Press.

Willmott, Robert, 1996, "Resisting Sex/Gender Conflation: A Rejoinder to John Hood-William," *The Sociological Review*, 44(4): 728-45.

Worsham, Lynn and Gary A. Olson, 1999, "Hegemony and the Future of Democracy: Ernesto Laclau's Political Philosophy," Gary A. Olson and Lynn Worsham eds. *Race, Rhetoric, and the Postcolonial*, Albany: State University of New York Press, 129-62.

【y】

山田昌弘, 1994,『近代家族のゆくえ——家族と愛情のパラドックス』新曜社.

―――, 1999,「愛情装置としての家族——家族だから愛情が湧くのか、愛情が湧くから家族なのか」目黒依子・渡辺秀樹編『講座社会学2 家族』東京大学出版会, 119-51.

山本圭, 2009,「E・ラクラウにおける主体概念の転回とラディカル・デモクラシー」『現代社会学理論研究』3: 86-98.

山内俊雄, 1999,『性転換手術は許されるのか——性同一性障害と性のあり方』明石書店.

吉澤夏子, 1993,『フェミニズムの困難——どういう社会が平等な社会か』勁草書房.

―――, 1997,『女であることの希望——ラディカル・フェミニズムの向こう側』勁草書房.

―――, 2012, 『「個人的なもの」と想像力』勁草書房.

Young, Iris M., 1981, "Beyond the Unhappy Marriage: A Critique of the Dual Systems Theory," Lydia Sargent ed., *Women and Revolution: A Discussion of the Unhappy Marriage of Marxism and Feminism*, Boston: South End Press, 43-69.（= 1991, 田中かず子訳「不幸な結婚を乗り越えて――二元論を批判する」『マルクス主義とフェミニズムの不幸な結婚』勁草書房, 81-111.）

―――, 1990, *Justice and the Politics of Difference*, Princeton: Princeton University Press.

―――, 1997, "Unruly Categories: A Critique of Nancy Fraser's Dual Systems Theory," *New Left Review*, 222: 147-60.

ゆのまえ知子, 2001, 「日本における先駆的反 DV 運動――公営『駆け込み寺』要求運動と『夫の暴力』の可視化」戒能民江編『ドメスティック・バイオレンス防止法』尚学社, 162-86.

【Z】

Žižek, Slavoj, 1989, *The Sublime Object of Ideology*, London and New York: Verso Books. （= 2000, 鈴木晶訳『イデオロギーの崇高な対象』河出書房新社.）

―――, 1990, "Beyond Discourse-Analysis," Ernesto Laclau, *New Reflections on the Revolution of Our Time*, London and New York: Verso Books, 249-60.

―――, 1994, *The Metastases of Enjoyment: Six Essays on Woman and Causality*, London and New York: Verso Books.（= 1996, 松浦俊輔・小野木明恵訳『快楽の転移』青土社.）

人名索引

【ア行】

アガンベン，ジョルジョ　56, 60
アルチュセール，ルイ　29, 55
アレント，ハンナ　173-4
池田心豪　61, 65
井上達夫　31, 34, 41, 151
イリガライ，リュス　38, 52, 62, 102, 104, 120, 161
ウィークス，ジェフリー　107
ウィルモット，ロバート　22
ウェーバー，マックス　117
ウェスト，ジャッキー　96
上野千鶴子　7, 13, 84, 104, 109, 111, 117, 120, 170
エーデルマン，リー　74-5
江原由美子　14, 23, 109, 120
オーキン，スーザン・M.　154-5, 158
オークレー，アン　19
オースティン，ジョン・L.　27-8, 32, 41, 132-7, 147
岡野八代　151, 173
落合恵美子　153, 170
大貫敦子　34, 38

【カ行】

加藤秀一　23, 38
ギデンズ，アンソニー　13, 52, 182
キムリッカ，ウィル　151-2
コーネル，ドゥルシラ　12, 149-50, 155-61, 163, 171, 173, 181
コプチェク，ジョアン　64
コンネル，ロバート・W.　19-20, 106, 118

【サ行】

佐藤嘉幸　146-7
サンデル，マイケル・J.　172
ジジェク，スラヴォイ　11, 42, 44, 46-50, 54, 57, 60, 63-4, 114, 121, 124-31, 139-43, 146, 162-3, 178
スコット，ジョーン・W.　21
ストーラー，ロバート・J.　18, 38
スピヴァック，ガヤトリ・C.　7, 32, 36
セジウィック，イヴ・K.　84-5, 87, 91-2, 178
瀬地山角　96
千田有紀　38, 96
ソコロフ，ナタリー・J.　97, 111, 117
ソシュール，フェルディナン・ド　140-1, 147

【タ行】

竹村和子　64, 82, 89, 107, 120, 147
田村哲樹　13
ダラ・コスタ，マリアローザ　95
テイラー，チャールズ　82-3
デミリオ，ジョン　105-8, 115, 120

デリダ，ジャック　137-8
デルフィ，クリスティーヌ　19-21, 96, 98, 117, 119
ドゥーデン，バーバラ　21-2
ドゥオーキン，アンドレア　119

【ナ行】

長野慎一　39, 41, 173
ニコルソン，リンダ　22
ヌスバウム，マーサ・C.　31-6, 41, 164, 174
野崎綾子　151

【ハ行】

ハートマン，ハイジ　96-7, 101, 111, 117
ハーバーマス，ユルゲン　129, 157
ハル，キャリー・L.　22
ハルプリン，デイヴィド・M.　71-2, 75
ビーチ，ベロニカ　118
ファイアーストーン，シュラミス　119
ファインマン，マーサ A.　156, 158
フーコー，ミシェル　8-9, 24-5, 43, 50, 52-3, 69-72, 85-6, 91, 103, 121
フリーダン，ベティ　17-8
ブルデュー，ピエール　13, 65, 136, 138
フレイザー，ナンシー　69, 76-84, 86-7, 89, 91-2, 98, 105, 109, 112-3
フロイト，ジークムント　45, 51, 57, 69, 73, 97
ペイトマン，キャロル　150-2
ヘーゲル，G. W. F.　130
ベック，ウルリッヒ　182
ヘネシー，ロズマリー　99

ベルサーニ，レオ　74
ベンハビブ，セイラ　32-4
ボーゲル，リース　118
ホール，スチューアート　72, 75-6
ホッブス，トマス　152-3, 172

【マ行】

マクネイ，ロイス　8-10, 57-60, 65, 68, 87, 91, 99
マッキノン，キャサリン・A.　20, 103, 119, 134-5, 147, 152
マッキンタイア，アラスディア　172-3
マネー，ジョン　19, 38
マルクス，カール　11, 13, 49, 77, 80, 83-4, 92, 94-101, 104, 109-11, 115-7, 120, 178
ミース，マリア　118
ミッチェル，ジュリエット　97
ミレット，ケイト　19, 96, 150, 153
牟田和恵　85, 92-3
村山敏勝　64, 146

【ヤ行】

ヤコブソン，ロマン　140-2, 147
山田昌弘　164, 174
ヤング，アイリス・M.　79-83, 91-2, 109, 118, 172
吉澤夏子　99-101, 119, 157-8, 163-4, 172-4

【ラ行】

ラカン，ジャック　8-9, 11, 29, 44-9, 54, 64, 114, 124, -6, 139, 160, 162-3, 178
ラクラウ，エルネスト　48, 110-1, 113-4, 120-1, 127, 129, 161-4, 173,

181
リッチ, アドリエンヌ　17, 25,
　　　108, 119
リディオーフ, クリスティーヌ
　　　101
ルービン, ゲイル　86
ルソー, ジャン゠ジャック　153,
　　　172

レヴィ゠ストロース, クロード
　　　77, 85, 120
ロールズ, ジョン　153-4, 158, 160,
　　　172
ロック, ジョン　152, 172

大貫挙学（おおぬき たかみち）
1973 年生まれ。
慶應義塾大学大学院社会学研究科博士課程単位取得退学、博士（社会学）。
専門分野：理論社会学、ジェンダー論、犯罪社会学
主要著作：『社会学入門』（共著、弘文堂、2010 年）、『越境する家族社会学』（共著、学文社、2014 年）、「『女性的なるもの』から『批判的脱主体化』へ——コーネルにおける『イマジナリーな領域』概念の再検討」（『現代社会学理論研究』第 8 号、2014 年）ほか

性的主体化と社会空間
バトラーのパフォーマティヴィティ概念をめぐって

2014 年 7 月 30 日　第 1 刷発行
著　者　大貫　挙学
発行人　深　田　卓
装　幀　宗利　淳一
発　行　インパクト出版会
　　　　113-0033　東京都文京区本郷 2-5-11　服部ビル
　　　　TEL03-3818-7576　FAX03-3818-8676
　　　　E-mail:impact@jca.apc.org
　　　　http://www.jca.apc.org/~impact/
　　　　郵便振替 00110-9-83148

モリモト印刷